董延寿 著

乱世枭雄

曹操

对酒当歌，人生几何

北方文艺出版社
·哈尔滨·

图书在版编目（CIP）数据

乱世枭雄曹操：对酒当歌，人生几何 / 董延寿著.
哈尔滨：北方文艺出版社，2025. 7. -- ISBN 978-7
-5317-6691-9

Ⅰ. K827=342

中国国家版本馆CIP数据核字第2025D398N6号

乱世枭雄曹操：对酒当歌，人生几何

LUANSHI XIAOXIONG CAOCAO DUIJIU DANGGE RENSHENG JIHE

作　　者/董延寿

责任编辑/宋雪微　　　　　　　　　　　装帧设计/尚书堂

出版发行/北方文艺出版社　　　　　　　邮　　编/ 150010
发行电话/（0451）86825533　　　　　　经　　销/新华书店
地　　址/黑龙江省哈尔滨市道里区田地街106号　网　　址/ www.bfwy.com

印　　刷/北京亚吉飞数码科技有限公司　开　　本/ 880mm×1230mm 1/32
字　　数/ 180千　　　　　　　　　　　印　　张/ 9
版　　次/ 2025年7月第1版　　　　　　印　　次/ 2025年7月第1次印刷

书　　号/ ISBN 978-7-5317-6691-9　　　定　　价/ 56.00元

大江东去，浪淘尽，千古风流人物。在山河破碎、烽火连天的汉末，有一人携雷霆之势，从混沌乱世中脱颖而出，以不羁之才、万世雄心，在史书中留下浓墨重彩的一笔，被称作"非常之人，超世之杰"，他便是曹操。

历史从来都不是非黑即白的水墨画卷，历史人物亦不是非黑即白的。

曹操或许是历史上最具争议的人物之一。他是野心勃勃、不甘人下、奉天子以令不臣的乱世枭雄，是对手口中不择手段、心狠手辣的"汉贼"，亦是天下人眼中亦正亦邪、老谋深算的诡诈之徒。然而，历史上真实的曹操同样也是心怀苍生黎民、身负建安风骨的治世能臣、浊世明主；是雄才大略、杀伐果断、奠定北方和平的千古豪杰；更是横槊赋诗、字字珠玑、写尽人生苍凉的一代文学巨擘。

从浪荡洛阳、不按常理出牌的不羁游侠，到坐镇许昌、纵横捭阖的霸道魏王，这一路上，曹操始终在不断地拓展眼界、突破格局、积蓄实力。想当年官渡一战，他以弱胜强，反败为胜，何等自豪！只可惜赤壁鏖兵，数十万大军付之一炬，野心一夜间幻灭。大江东去，如一碗烈酒浇在心头。胜也罢，败也罢，真正的强者，既能以乐观通达之心洞穿世事浮沉，更懂得顺势而为，从败局中淬炼真知灼见，静等时机，蓄势而发。

纵观曹操的一生，其胸中回荡着"对酒当歌，人生几何"的慷慨悲凉，亦流淌着"宁我负人，毋人负我"的残酷与狠厉。他深谙崛起之道、造势之机、驭人之术，有除患的决心，也有容人的雅量；他亦不乏声东击西、以少胜多、出奇制胜的谋略，更兼具审时度势、洞察大局的智慧，这才在群雄逐鹿的乱世纷争中掌握先机，并终成"三分天下，而有其二"的霸业。

无论过去还是现在，人们始终对曹操褒贬不一，但正是这种争议，才让曹操的形象显得更加鲜活、真实而立体。而穿越千载风云，曹操的处世哲学与战略智慧对于今人而言，亦有着超越时代的启示。

作者

2025 年 4 月

目录

第一章

不羁少侠：

不戚年往，忧世不治

曹操少年任侠，胆量过人，
在乱世中不断成长，顺势而为。

　　曹操生于官宦之家，少年时期的他放荡任侠，养成了机警豪爽的行事之风。逐渐成长起来的他，开始意识到读书学习的重要性，并注重借助舆论的力量为自己造势。初入仕途，曹操敢作敢当，率性而为，秉性与才能在实践中不断得到锤炼。在纷乱的时局面前，他善于洞察大势，也经受住了政治风雨的洗礼，变得更加成熟睿智。

放荡不羁的少年

公元 155 年，汉桓帝刘志在位，在他的统治下，东汉王朝内部呈现出外戚干政、宦官专权、天灾连连、民不聊生的乱象。正是在这样的一个历史大背景下，被后人评为"一代枭雄"的曹操出生了。

曹操的家乡是东汉谯县（今安徽亳州），家庭背景显赫，祖父曹腾是东汉中后期一位颇有名气的大宦官，为人豁达大度，爱才惜才，名声很好。当时他在汉顺帝手下任职，凭借着自己的聪明才智，很快在宦官群体中脱颖而出，一路做到中常侍的位置。后因策划迎立桓帝有功，被封为费亭侯。

东汉时期，中常侍是一个权倾天下的职位，日常主要负责传达朝廷的诏令，非皇帝的亲信不能担任。因此，自曹腾之后，曹家多位家庭成员也平步青云，曹操的父亲曹嵩也在家族的助力下飞黄腾达，从司隶校尉直至太尉，跻身朝廷的"三公"之列。

　　不幸的是，曹操很小的时候就失去了母亲，父亲曹嵩只顾忙于自己的事业，对儿子缺少管教。后来曹操在《善哉行（其二）》一诗中谈到自己的身世时，这样写道："自惜身薄祜，夙贱罹孤苦。既无三徙教，不闻过庭语。"

　　曹操生长在这样一个优渥的家庭中，再加上缺少父母的关爱、培育和约束，自幼就养成了任情行事、放荡不羁的处世风格，每天闲来无事的时候，就邀约同龄的少年们架鹰斗狗，比武围猎，游荡乡里，常常是早上出门，一直玩到晚上才回家。就这样，行为莽撞出格、时不时惹是生非的曹操，成了家乡远近闻名的"问题少年"。

　　《三国志·武帝纪》一文中也曾记载说："太祖少机警，有权数，而任侠放荡，不治行业，故世人未之奇也。"

　　对于这个经常给自己惹祸的儿子，父亲曹嵩又气又怒，原本满怀期待、望子成龙，结果每天却要面对这样一个不循规蹈矩的逆子，甚是恨铁不成钢。

　　父亲对儿子不满意，曹操的叔叔也看这个侄儿不顺眼，每当曹操"闯祸"时，叔叔总会添油加醋地在哥哥曹嵩面前告曹操的小状，希望哥哥能够狠下心来严加管教曹操。每次叔叔告状后，曹操自然免不了被父亲一顿呵斥，后来得知背后真相，曹操决定戏弄一下他叔叔。

　　有一天，曹操外出游玩，远远地看到叔叔迎面走来，他灵机一动，瞬间想出了一个"歪点子"，只见他装出一副嘴歪眼斜的模样，嘴角还流着口水，一瘸一拐地迎着叔叔走了过去。

　　叔叔看到曹操这副模样，不由得奇怪地询问原因，曹操回答说："不知道怎么回事，突然间就中了恶疾。"

毕竟是自己的亲侄儿，叔叔飞快地跑回家中，将曹操的情况一五一十地告诉了哥哥曹嵩。

正当曹嵩准备前去查看曹操的情况时，曹操从外面回来了，只见他走路说话正常，一点儿不像是得了病的样子。父亲疑惑地问曹操："刚才你叔叔说你中了恶疾，现在怎么一点事都没有了呢？"

曹操理直气壮地回答说："我一直好好的呀，可能是平日里叔叔看不惯我，为了让父亲大人讨厌我，所以才说出这种无中生有的话吧！"

从此之后，曹嵩对弟弟起了疑心，无论弟弟在自己跟前再怎么说曹操的坏话，他都不肯相信了，曹操也就更加肆无忌惮了。

少年的曹操，性情顽劣，各种点子多，但从另一方面也显示出其临危不乱的一面。

《世说新语·假谲》中，记载了有关曹操的这样一则故事：说是少年时期，曹操和袁绍等一干富家子弟经常在一起玩耍，有一天，附近一户人家办婚宴，曹操拉着袁绍趁夜悄悄混了进去，没想到弄出动静被人家发现，两人一看大事不妙，慌不择路地跳墙逃跑。

也许是太过紧张了，两人跑着跑着，跑到了一片灌木丛中，袁绍惊慌失措下一不小心掉进了荆棘丛里，周围都是尖刺，吓得他不敢动弹。

曹操见状大喊道："快来人呀，小偷在这里，他跑不掉了。"追赶他们的人闻声立即朝着袁绍的藏身处追了过来，吓坏了的袁绍再也顾不上疼了，咬着牙挣扎着从荆棘丛里跳了出来，和曹操一起溜之大吉。

事后袁绍责怪曹操不仗义，差一点害自己被抓住了，曹操却回答袁绍说："如果我不这样大声喊叫，你能这么快脱身吗？"袁绍听了，无言以对。

这则故事充分说明曹操是一个富有谋略的人，做事剑走偏锋，在紧张的局面下能够处变不惊，从容应对。后来在东汉末年乱世之中他能够力压群雄，后来居上，和他不拘一格、临危不乱的行事作风有着莫大的关系。

> **曹操**
>
> （155—220 年），字孟德，一名吉利，小字阿瞒，沛国谯县（今安徽亳州）人，三国时期曹魏政权的缔造者，东汉末年杰出的政治家、军事家、文学家和书法家，著有《魏武帝集》，已佚失。传世的代表作有《让县自明本志令》《龟虽寿》《观沧海》《短歌行》等。

以彼之道，还施彼身

　　少年时期的曹操很调皮，常常做出一些出格的事情来，看不惯他的叔叔时常在他父亲面前"告小状"，聪明的曹操很快就想到了破解的办法，他采取"以彼之道，还施彼身"的策略，通过故意自黑的方式，成功地让父亲消除了对他的不满。

　　以彼之道，还施彼身，是一种富有谋略和智慧的应对技巧，现实生活中，当我们遭受他人的恶意攻击时，千万不要去试图自证清白，那样反而会让自己陷入"越辩解越说不清楚"的境地中。聪明的做法是我们可以将对方的看法、意见拿过来为我所用，以对方抹黑我们的逻辑或方式加以反击，化被动为主动，从而达到还自己清白的目的。

临危不乱，从容应对

　　少年曹操放荡不羁，其实只是表象，透过现象看本质，会发现曹操格外机警，反应敏捷，胆识过人，善于应对。当他和袁绍被人追捕时，曹操急中生智，巧妙地化解了一场小小的危机，胆量过人，临危不乱，遇到难题从容应对，这一性格特质也是曹操能够在乱世之中崛起的重要因素。

临危不乱，处变不惊，是人身上一种很好的性格特质，想要做到这一点也不难。

在遇到紧急情况时，首先要让自己保持冷静，客观理性地分析眼前的局势，确保自己对局势有清晰的认识。其次是多去观察梳理，从纷乱的局势中分析梳理出关键信息，找出解决问题的办法，不要被表面现象所迷惑。最后是快速决断，当脑海里有了合理的应对方案，就要果断行动，及时从复杂的局势中解脱出来。

许昌曹丞相府曹操雕像

天下无难事，唯坚韧者胜之

少年时期的曹操，任侠放荡，不务正业，给人一种玩世不恭的错觉，即使是父亲曹嵩也认为他顽劣成性，难以管教。其实这是因为大多数人的眼光不够敏锐，只看到曹操率性而为的一面，而没有看到曹操严格自律、刻苦学习的另一面。正如《三国志·武帝纪》所说的那样："故世人未之奇也。"

在成长的过程中，人都会发生或大或小的改变，曹操也是如此。随着年龄的增长，曹操慢慢变得懂事起来。当时的东汉王朝，大部分底层百姓都生活在水深火热之中，朝中宦官、外戚交替争权，无论是桓帝还是灵帝，无不将朝政视作儿戏，卖官鬻爵，国是日非，汉王朝的统治陷入风雨飘摇、岌岌可危的境地。

与此同时，父亲曹嵩在朝廷任职，使曹操更能体会到官场上的尔虞我诈和黑暗不堪。眼界、思维以及认知与日俱增的曹操，也渐渐深切地感受到了汉王朝潜在的危机与隐患，以至于他发出"忧世不治”的感慨。痛定思痛的他，决定痛改前非，洗心革面，希望以自己的微薄之力来推动汉王朝的长治久安。

从此，曹操开始努力刻苦学习，认真读书。当然，富裕的家境也为他博览群书提供了极大的便利。曹操尤其喜爱阅读一些军事理论方面的书籍，东汉以前的诸家兵法是曹操最喜爱阅读和研究的对象。这为曹操后来成为一名优秀的军事家，统率三军，在乱世之中脱颖而出，一统北方，打下了坚实的基础。

多年后，曹操根据自身丰富的实战经验和高超的军事智慧，重新审读《孙子兵法》这部兵家名作，基于自己切实的心得体会，对里面的十三篇内容逐一进行注释，言语简洁，直指核心要义，最后成功完成了《孙子略解》这样一部兵学著作。

《孙子略解》问世后，很快成为指导曹魏集团军事战略方针以及训练作战的重要理论著作，成为曹魏一统北方的重要理论助力。曹魏阵营能够统领一方的将才层出不穷，在一定程度上也是从曹操《孙子略解》一书中受益的结果。同时，曹操的《孙子略解》一书，也成为后世人们解读《孙子兵法》的重要参考资料，有力地促进了中国军事文化的发展和传播。

除了对兵法类书籍感兴趣之外，为了提升自身的文学素养，曹操对于各类经史典籍也是来者不拒，广泛涉猎。他在苦读兵法的同时，还大量阅读了从先秦时期流传下来的诸子百家的理论著作，只要有时间，他就如饥似渴地读写背诵，积累了深厚的文学功底。

天下无难事，只要能持之以恒地坚持下去，就一定能够收获丰厚的回报，也一定能给人带来脱胎换骨的变化，使人焕然一新。

随着时间的推移，爱学习的曹操也很快从一个贪玩的少年，蜕变成长为一位"能明古学"的青年才俊，名满乡里，令人刮目相看。甚至日后曹操还和儿子曹植、曹丕一起成为"建安文学"的重要代表人物和汉魏时期首屈一指的文学大师，创作出了《观沧海》《短歌行》《龟虽寿》等一大批脍炙人口的诗篇，这都是他长期坚持不懈努力学习和精进自己的结果。

——曹嵩——

（？—193年），字巨高，沛国谯县（今安徽亳州）人。东汉大臣，曹操之父。本夏侯氏之子，后为宦官曹腾养子，故改姓曹。历任司隶校尉、鸿胪卿、大司农。曹丕代汉后，追尊为太皇帝。

只要肯努力，任何时候都不迟

当曹操开始忧虑天下之后，便迅速调整了自己的人生方向，努力读书学习，兵法著作，经史子集，无一不读。长期的坚持，让曹操收获良多，也完成了人生的第一次重大蜕变。

晋代大诗人陶渊明在《归去来兮辞》中写道："悟已往之不谏，知来者之可追。实迷途其未远，觉今是而昨非。"即当知道自己已经落后了，千万不要自暴自弃，要明白只要肯努力，任何时候开始都不晚。因此，无论是学习还是工作，都要学会自我反思，在反思中察觉自身的缺陷和不足；反思之后，做到知耻而后勇，坚持学习，努力追赶，不断提升。追赶的过程或许很艰辛，但请一定要坚持下去，于沉淀、积累中不断地提升自我。

百折不挠，方能更上层楼

曹操从一个放荡不羁的少年，蜕变成长为一位胸有韬略的大才之士，在蜕变成长的过程中，一定付出了常人难以想象的心血和汗水。但不服输、有毅力的他用时间证明了自己，只要矢志不移，必定能学有所成，更上层楼。

要想达到坚韧不拔、百折不挠的境界，首先要让自己有清晰明确的目标追求，一旦目标明确，就应坚定信念，保持热情，持之以恒地走下去。其次要不断地强化自我认知，给自己以积极的心理暗示，相信付出必有回报。最后要有直面困难、挫折的勇气，在挫折中不断挑战自我，战胜自我，超越自我，直到实现目标。

在日常的学习和工作中，我们需要这种百折不挠的精神，唯有如此，才能收获良多，取得进步，达成目标。

要成事，必先造势

少年时期的曹操任侠狂放，和一些权贵子弟做过不少荒唐的事情，但当他见识了汉王朝统治下昏暗不堪的社会现实后，很快痛改前非，成为名动乡里的"能明古学"的优秀青年。这一时期，曹操的天分、谋略、心计以及潜在的能力，都得到了一定程度的体现，也得到了当时一些名士的注意。

桥玄是东汉时期的著名大臣，曾官至太尉，学术上也颇有建树，为后世留下《礼记章句》49 篇。他在世的时候，曹操曾去拜访他。一番交谈下来，桥玄对曹操非常欣赏，评价曹操说："天下将乱，非命世之才不能济也，能安之者，其在君乎！"

桥玄话语的意思是，汉王朝将要面临一场重大危机，非杰出的人才不能挽救，他通过观看曹操的言谈举止，认为将来能够安定天下的人，大概就是曹操这个小伙子吧。由此可见，桥玄对曹操的评价非常高。

除了桥玄，当时的名士李瓒、王俊等人，对曹操也格外看好，认为他前途不可限量。而曹操自己也是自信无比，这时的他已经有了步入仕途的想法。在汉朝，朝廷主要通过察举制度自下而上地选拔人才，因此，通过"举孝廉"获得进身之路，显然是一条不错的捷径。

举孝廉，需要一个人在地方上有较高的声望，得到大多数人的推崇和认可。曹操深知如果单凭桥玄等人的评价，他的名气还是不够的，因此在桥玄的指点下，曹操决定采取造势的方式，以壮大和提升自己的声望与影响力，大名士许劭成了曹操重点结交和借力造势的对象。

许劭，汝南平舆（今河南平舆）人，眼光毒辣，以看人入木三分而闻名当世。《后汉书》上曾这样评价许劭："故天下言拔士者，咸称许、郭"。许，指的就是许劭，郭，指的是郭泰，郭泰是当时仅次于许劭的"点评大家"。

在当时只要能够被许劭点评几句，很快就能产生巨大的传播效应，如果是高度正面的表扬褒奖，更是能够令被点评人瞬间身价倍增，许劭的评语几乎就是入仕的"敲门砖"。曹操为了达到"举孝廉"的目的，直奔许劭而去。

一开始，许劭并不愿点评曹操，但耐不住曹操的软磨硬泡，最后许劭给了曹操一句评语，说"君清平之奸贼，乱世之英雄"。后来，许劭的这句话被后人通俗地演绎为"子治世之能臣，乱世之奸雄"，并广为流传。

如愿以偿地得到了许劭的评语，曹操高兴地离开了。因为在曹操看来，虽然许劭评语的前半部分说他是"清平之奸贼"，含有贬义色彩，但他清楚地知道，汉王朝即将陷入一场腥风血雨的动荡，他愿意成为许劭后半句中那位"乱世之英雄"，以求抓住机会充分施展自身伟大的抱负。

不可否认的是，眼光老辣的许劭确实看人非常准，后来的曹操果然从乱世之中强势崛起，成为"一代枭雄"，全面印证了许劭当初的预言。

其实无论是"奸贼"还是"英雄"，都表明许劭是非常认可曹操的个人能力的，他的眼光没有错。也正是因为得到了许劭的评语，曹操的名声不胫而走，借助外界舆论的造势，再加上家族的助力，曹操在二十岁的时候就被举为"孝廉"，从此开启其叱咤风云的人生。

桥玄

（110—184年），字公祖，梁国睢阳县（今河南省商丘市睢阳区）人。东汉时期名臣。桓帝时历任齐相、上谷太守、汉阳太守、司徒长史等官职。为官清廉，时人称之。

无势不尊，善于营造声势

曹操学有所成后，想要入仕为官，实现儒家"修身齐家治国平天下"的理想抱负。只是当时自己寂寂无闻，为了能引起外界的注意，聪明的曹操想到了为自己营造声势的高招，他请许劭对自己进行评议，借助名人之口为众人所知，很快就名动一时，受到时人的关注，也实现了自己的目标。

无势不尊，有声势才有大的知名度。对于个人而言，善于造势能为自己营造展现自我才华的广阔舞台，从而获得更大的发展进步。而对于企业而言，要想将产品售卖出去，也要善于开展营销造势工作，突出产品的卖点，从而达到"广而告之"的良好效果。

在具体造势时，有这样几点可以参考：一是可以借助热点事件达到营销的目的；二是充分利用各类媒介传播的作用提升自我及企业品牌的知名度；三是策划一些有趣的创意活动，以吸引众人的关注；四是可以请一些意见领袖为自己或企业品牌发声，营造较高的关注度、曝光率。

因势而动，顺势而为，乘势而上，聚势而强

曹操通过当时大名士许劭的点评，很快名声大噪。造势成功

后，曹操顺势而为，乘势而上，果断去应征"孝廉"，成功地踏上仕途，开启了他波澜壮阔的一生。

因势而动，顺势而为，乘势而上，聚势而强，这需要我们在缺乏声势的时候，懂得为自己营造声势；当我们声势不强的时候，要善于借助各种方式蓄势；当声势浩大时，果断抓住机遇乘势而上，不断地提升自我，向着更广阔的未来迈进。

实际工作中也是如此，我们既要埋头苦干，也要懂得为自己造势，需要展示自我的时候，要大大方方展示，为自己赢得好的声誉。与此同时，应多参加社交活动，搞好人际关系，取得合作伙伴的认可，在行业内部提升自我的知名度，进而取得更大的成就。

有才能，就要适时展示自己

二十岁的时候，曹操通过"举孝廉"的方式正式踏入了仕途，很快获得了郎官的职位，不久后，又出任洛阳北部尉，主管辖区的社会治安工作。

在曹操未担任洛阳北部尉之前，许劭给了他一句"治世之能臣，乱世之奸雄"的评语，让他在朝野之中获得了一定的知名度，这次走马上任，坐镇一方，很多人的眼睛都在盯着他，想看看他究竟有没有真才实学。

曹操自己也颇有压力，要知道洛阳北部尉官职虽然不大，但责任重大，洛阳作为东汉王朝的国都，天子脚下，社会治安工作的重要性就显得格外突出。在堂堂都城，三教九流汇聚于此，达官贵人、不法之徒比比皆是，想要干出一番成绩，又要能够从错综复杂的关系网中全身而退，既要有敢于硬碰硬的魄力，又要有张弛有度的谋略，其难度可想而知。

曹操上任后的所作所为，没有让人失望。他到任伊始，先是让人将年久失修的官衙整修一新，紧接着，又命人制作了十几根五色棒，五色棒是木制刑具，上面涂抹了青、红、白、黄、黑五种颜色。

一切准备工作完成后，曹操将五色棒高高悬挂起来，同时颁布了严格的禁令，告诫自己管辖区域内的百姓，凡是胆敢违反禁令者，不管身份背景如何，一律严惩不贷。

禁令颁布后不久，很快第一个"触霉头"的人出现了，这个人违禁夜行，违反了曹操宵禁的条令，当即被人带到了曹操的面前。

有令必行，违法必究，曹操也不客气，下令用五色棒将犯禁的人处死。消息传出，京城人士无不震惊，纷纷奔走相告，原因是被曹操处死的这个人有着不一般的身份背景，他的侄子是皇帝身边的红人、大宦官蹇硕。对于这样一个权贵，曹操都敢毫不留情地处决，说明他先前颁布的禁令绝非做做样子那么简单，这个北部尉确实是动真格的。

一时间，"京师敛迹，莫敢犯者"。曹操拿蹇硕的叔父"杀鸡儆猴"，起到了良好的震慑效果，曹操的大名也传遍了京城，他这位刚踏入官场的"职场新人"的名望顿时暴涨，令人刮目相看。

有才能，在遇到合适的机会就要适时地展现出来，将自身的真才实学全面发挥出来，向世人证明自己的能力。杖毙权贵之后，曹操以一名敢作敢为的年轻官员形象登上了东汉王朝末年的政治舞台。在历经各种波折和考验后，他步步为营，稳扎稳打，最终成了那一个笑到最后的胜利者。

才华不是用来隐藏的，是拿来展示的

曹操入仕之后不久，就迎来了第一次重大挑战，他负责洛阳北部地区的治安工作，情况复杂，任务艰巨，但胸有谋略的曹操很快用铁的手腕向世人证明了自己的能力，成为当时备受瞩目的年轻一代新秀，这也为他日后的进一步升迁打下了良好的基础。

生活和工作中，很多人抱怨自己遇不到"伯乐"，迟迟得不到重用。其实我们应当明白的是，想要遇到伯乐，首先要让自己成为千里马。一要有真才实学，只有自身有才华才有被伯乐发现并重用的可能。二不要一味地埋头苦干，一旦有展示自我才能的机会，一定要大大方方展现出来，果断地抓住机遇，将自己的工作做到尽善尽美，让领导看到我们的价值和潜力。伯乐实际上无处不在，只要自己真正有才华，并且能够大胆展示自身的才能，就会拥有无限的机会。

管理者要敢于担当作为

曹操为了维护好洛阳北部地区的社会治安工作，颁布了严格的禁令，而为了做到令行禁止，曹操拿其中一个关系最硬的对象开刀，形成了强大的震慑作用。敢于硬碰硬的曹操，有效维护了禁令的权威性，顿时让人看到了他铁面无私的行事作风，其工作局面一下子就被打开了。

从事管理工作也是如此，管理的精髓要义之一，就在于一个"管"字上面，如何管好下属，打造出一支执行力强的团队，非常考验管理者的能力和智慧。因此，在遇到不合理的情况，或者是难以管理的对象时，管理者一是要敢于直面问题，不回避，不推诿，果断采取措施解决问题，决不让问题持续恶化。二是原则问题寸步不让，制度就是制度，这是基本的纪律要求，所有人都一视同仁，不向影响团队团结的不良行为妥协，从而有效树立个人威信，确保管理工作平稳有序。

在历练中精进自己

曹操在担任洛阳北部尉期间，通过棒杀权贵而让自己名声大噪，这也是他在东汉末年政治舞台上的"小试牛刀"。

熹平六年（177年），政绩卓著的曹操被提拔为顿丘（今河南清丰）令，这一年，曹操年仅二十三岁。

在顿丘令任上，曹操也颇有一番作为。这一点，多年后的曹操在《戒子植》一文中曾对自己担任顿丘令的这段历史作了一段小小的总结，他在文中写道："吾昔为顿丘令，年二十三，思此时所行，无悔于今。"

曹操借教诲儿子之机，不动声色地将自己好好褒奖了一番，这说明他对自己在顿丘令位置上的作为非常自豪。从洛阳北部尉调至顿丘担任县令，从单管社会治安到全面治理一个县域，长达一年多的基层管理工作，让曹操积累了丰富的工作经验。

没有人是一帆风顺的，对于曹操来说也是如此。年轻气盛、锋芒毕露的他，引起了朝中权贵的不满。光和元年（178 年）十月，在尔虞我诈的官场斗争中受到牵连的曹操，被免去了顿丘令的职务，返回老家谯县赋闲了大约两年的时间。

回归田园的曹操并没有失意气馁，他以坦然的心态笑对一切。在故乡的这段时光里，曹操静下心来，又重新捡起书本苦读，从理论到实践，再从实践到理论。社会的磨炼和内心的思考感悟相融合，令曹操比以往更成熟稳重了许多。

光和三年（180 年）六月，曹操重新被朝廷征召，担任议郎一职。几年后重返朝堂，曹操敏锐地察觉到此刻的朝局比先前更加暗流涌动、波诡云谲，平庸昏聩的灵帝重用宦官，任由他们把控朝政，将王朝治理得一塌糊涂。

面对权势熏天的宦官群体，胆识过人的曹操并没有选择忍气吞声，反而挺身而出，上书灵帝请求为十几年前被宦官陷害处死的大将军窦武和太傅陈蕃平反昭雪。当大多数朝臣在几乎一手遮天的宦官群体面前噤若寒蝉时，曹操的这种大无畏的抗争精神确实难能可贵。奈何灵帝昏聩，宦官势大，曹操的呐喊无疑是徒劳的。

幸运的是，曹操很快又迎来了新的人生机遇。中平元年（184 年），在天灾人祸下饱受压迫的底层百姓再也按捺不住，他们纷纷聚集在张角、张宝手下，打出"苍天已死，黄天当立，岁在甲子，天下大吉"的旗号，发动起了轰轰烈烈的黄巾起义。

黄巾起义爆发后，瞬间席卷了大半个华夏，惊慌失措的东汉朝廷慌忙派兵四处镇压起义大军。素有名声的曹操也被委以重任，以骑都尉的身份领兵赶往颍川前线，配合皇甫嵩、朱俊等人共同对付起义军。

曹操领兵赶到长社（今河南长葛一带），与皇甫嵩、朱俊等将领联手将颍川前线的黄巾军击败，较好地解除了这股起义军对京城洛阳的军事威胁。

在此期间，曹操又多次参与平叛各地黄巾军的军事行动，这让他积累了丰富的军事作战经验，为后来一统北方打下了坚实的基础，同时也因为卓越的战功被朝廷提拔为济南国相。

从洛阳北部尉到顿丘令，从顿丘令到朝廷议郎，后又相继担任骑都尉和济南国相，从政又从军，既获得了基层治理的经验，又有了朝堂议政的经历，这一时期浮浮沉沉的锻炼和磨砺，让曹操越发精明强干、老练通达，三十多岁的他已经初步有了对未来更为长远的目标和规划。

皇甫嵩

（？—195年），字义真，安定朝那（今宁夏彭阳西）人，汉末名将，出生于将门世家。汉灵帝时任左中郎将，与朱俊一起镇压黄巾起义。

磨炼，才能遇到最好的自己

　　曹操在入仕之后，经历了很多岗位的锻炼，其间还从文官跨至武职，领兵和黄巾军作战。这一系列工作岗位的磨砺，让曹操变得更加成熟睿智、强悍精明，后来他能在汉末三国的历史舞台上大展身手、进退自如，和他早期的这一段工作经历有着密切的关系。

　　王阳明曾指出，一个人想要精进自己，就应当在事上"磨"。这里的"磨"，指的就是磨炼、锻炼，通过不断地实践锻炼，方能培养出沉稳大度的处事风格，也才能在未来遇到更好的自己。

　　没有人生来就无所不知，各项技能样样纯熟，只有通过后天的磨砺锻炼，才能遇见更好的自己。无论在学习、生活还是工作中，我们都要不断磨炼自己，一是在困境中要能坚守信念，在变局中牢守初心与理想，在挑战面前保持昂扬的斗志。二是要坦然面对荣辱得失，通过磨炼让自我重生蜕变，更加沉着干练。三是要敢于承担责任，学会适应压力，锤炼出坚忍的意志。

精进提升，要敢于接受风雨的洗礼

　　曹操从"孝廉"入仕，中间经历了无数风雨，个人命运也浮浮沉沉，他先后做过洛阳北部尉的治安管理工作，在担任顿丘令时有过地方管理经验，中间还被罢官免职回乡赋闲过一段时间，但经受了各种严峻局面考验的曹操，个人的才能、性情、心境都得到了很大的提升，黄巾起义爆发后能领兵上阵厮杀，从一个文弱书生转变为可以独当一面的帅才，令人刮目相看。

精进自我，要求我们勇于接受风雨的洗礼。反观现实生活，大多数人身上都存在或大或小的惰性和畏难意识，他们在生活中害怕迎接人生风雨的挑战，在工作中不愿面对看似棘手的难题，在困境和磨难面前总想着如何远远逃避开去。

事实上，历练才是快速提升一个人综合素养的最好方式，无论身处何种环境中，我们都应让自己拥有坦然以对的良好心态，在工作岗位上接受考验，在事务处理中得到锤炼，这样久而久之，才能在不断的历练中变得成熟稳重、圆融通达、宠辱不惊，能够游刃有余地掌握处理复杂问题的能力与技巧，学会用巧妙的智慧来解决问题，最终让自己一步步走向更大的舞台。

洞察大势，方能顺势而为

经历了宦海沉浮与磨炼后，曹操变得更加睿智和成熟。中平三年（186 年），从济南国相任上辞职回乡归隐了一年的曹操，再次被朝廷征召为都尉。随后不久，曹操得到灵帝赏识，被任命为"西园八校尉"中的典军校尉，一举成了汉灵帝的心腹亲信。站在新的人生起点上的曹操，以敏锐的目光捕捉着时局的变化，以求顺势而为。

汉灵帝之所以组建自己的亲信班底，并非心血来潮之举。当时，由何进领头的外戚集团和以蹇硕为首的宦官群体成为两大敌对势力，双方水火不容。汉灵帝为了抑制大将军何进的权势，特意组建了"西园军"，有才能的曹操成了灵帝身边的近臣。

不过好景不长，随着汉灵帝的去世，外戚集团和宦官群体因为拥立刘辩还是刘协为帝产生分歧，最后以何进为首的外戚集团取得了胜利，灵帝长子刘辩被立为继承人，何进趁机诛杀了大宦官蹇硕。

局势的发展如果到此为止，或许历史的进程会被改写，但对宦官群体不满的何进，有了进一步铲除全部宦官的想法。为了获得强有力的外援，利令智昏的他听从袁绍等人的建议，以皇帝的名义诏令董卓等地方军阀进京，妄图以武力为后盾，将宫内掌权的宦官一网打尽。

在这场事关东汉王朝历史走向的变局中，曹操一直洞若观火。直到何进有了下令宣召董卓进京的举动后，深感不妙的曹操挺身而出，他劝谏何进不可莽撞行事，一切从长计议方是上上之策，操之过急反而会惹出祸端。对于曹操的忠心劝告，何进却不为所动，一意孤行。果然引起了宦官群体的强烈反抗，他们引诱何进入宫，出其不意将其处死。

何进一死，袁绍、袁术展开疯狂的报复，带兵杀入宫内，一时间血流成河，无数宦官死于非命，京师大乱，剩余宦官挟持少帝刘辩逃出京城。恰巧这时董卓领兵赶到，将少帝刘辩重新护送回京师。

在这场血雨腥风的大动荡中，何进、袁绍以及宦官群体都没能得到好处，可谓是两败俱伤，反而是董卓渔翁得利，成为事变的最大受益者。董卓进京后，采取虚张声势和威胁恫吓的手段，顺利掌握了大权，并废黜少帝刘辩，改立刘协为帝，史称汉献帝。

虽然汉献帝被拥立为帝，但朝政大权完全被董卓掌控。他在朝中为所欲为，一时间，人人震恐，无不慑服在董卓的淫威之下。

对于年轻有为的曹操，董卓比较欣赏，曾表奏曹操担任骁骑校尉的职务，试图以此拉拢曹操为己所用。面对唾手可得的泼天富贵，审时度势的曹操却断然选择了拒绝，这是因为在曹操眼中，董卓的行径属于乱臣贼子所为，为天下正直人士所不齿，同时他看出董卓本人胸无点墨，迷信武力，缺乏政治智慧，所以董卓的嚣张跋扈只能是昙花一现，注定难以长久。

曹操心中有了权衡，当即逃离洛阳。事实证明，曹操的选择是正确的。善于洞察大势的他，做出了顺应历史潮流的决断，随后他又在陈留招兵买马，跟随天下诸侯一起讨伐董卓。在人生的后半场，他成了那个时代当之无愧的主角。

何进

（？—189年），字遂高，东汉南阳宛县（今河南南阳）人，灵思皇后之兄，东汉时期大将军。因保卫京师、破获黄巾军的雒阳起兵密谋有功而进封慎侯。死于宦官张让等手下。

洞察大势是成事的根基

在中国古代史上，曹操是著名的军事家和政治家，他不仅军事才能突出，而且谋略出众，思维开阔，目光长远。当何进下令董卓进京时，曹操就从纷乱的局面中察觉出不妙。之后董卓果然在京师为所欲为，祸乱天下，证明了曹操善于洞察大势的能力。

在日常生活中，我们应当学会透过现象洞察大势，深入全面地把握事物的发展本质。具体而言，一要保持清醒的头脑，善于观察分析和思考，能够从纷繁复杂的事物表象中梳理出大势所在。二要在洞察大势的基础上，未雨绸缪，准确地抓住机遇为我所用，充分发挥自己的才能，达成自己的目的。

顺势而为才能行稳致远

当董卓拉拢曹操时，曹操深知董卓的所作所为不得人心，难成大事，因此果断地拒绝了董卓的拉拢，转而独自招兵买马，和天下诸侯一起发起了讨伐董卓的军事行动。他的做法无疑顺应了人心民意，所以说东汉末年群雄林立，曹操能够从中脱颖而出，不仅在于他拥有高超的洞察大势的能力，更重要的是，他能够在洞察大势的基础上顺势而为，书写自己的人生传奇。

《盐铁论》一书中有这样一句话："明者因时而变，知者随事而制。"一个人再聪明，也绝不能逆势而行，最好的发展路径就是顺势而为，只有顺应大势的发展，做到与时俱进，随机应变，才能在因势而谋的基础上乘势而上，让自己始终立于不败之地。

由此可见，因势而谋，顺势而为才能行稳致远，绝不可故步自封，画地为牢。管理工作也是同样的道理，作为管理者一要时刻关注外部大环境的宏观发展趋势，以做出科学合理的应对策略；二要深刻认识自我，清楚自身的优势和劣势是什么，将自身优势和宏观大势相结合，踩准社会发展的节点；三要敢于顺势而为，勇于拥抱新的变化，在常变常新中逐步发展壮大。

东临碣石，以观沧海。水何澹澹，山岛竦峙。

树木丛生，百草丰茂。秋风萧瑟，洪波涌起。

日月之行，若出其中；星汉灿烂，若出其里。

幸甚至哉，歌以咏志。（曹操观沧海）

第二章

乱世崛起：北上太行山，艰哉何巍巍

曹操招兵买马准备组建自己的团队，以求匡扶汉室，尽一份臣子的责任。

乱世之中，重在建功立业，一展抱负。创业初期的曹操，有仁义，讲义气，很快便组建了属于自己的班底，从此开始了征战四方的军事生涯。初战失利，便从中汲取宝贵的经验教训，重整旗鼓，以博大的胸襟和灵活多变的手腕，辗转腾挪，辛苦打拼，终在乱世之中拥有了一席之地。

拉班底，从打造口碑开始

曹操深知董卓的狠毒，因此在婉拒董卓的任命和拉拢后没有犹豫，第一时间收拾行囊逃出京城，一路向东逃亡。

据《三国演义》《魏书》等古籍记载，逃亡途中，曹操路过成皋（今河南荥阳一带）时，想起了这里有一位名叫吕伯奢的好友，便去拜访故友。恰巧吕伯奢外出，吕伯奢的家人在招待曹操时引发误会，导致起了疑心的曹操错杀了吕伯奢一家。

住在朋友家中，为什么曹操会陡起杀心？众多的史书资料上说法不一，有的说是吕伯奢的家人见财起意，看到逃亡的曹操携带了一些贵重物品，不由得生出歹心；也有的说曹操生性多疑，对方在热情招待曹操时，杯盘碰撞的声音让处于逃亡路途中本就杯弓蛇影的曹操疑心大起，没有仔细查证便误杀了对方。

当然，无论哪一种说法也都只是史学家的猜测而已，事情的真相早已湮灭在历史的长河之中了，只能侧面说明曹操的逃亡之路充满了惊险，一点风吹草动就足以让他提高警惕，谨慎应对。

离开成皋后，曹操先是辗转回到了家乡谯县，不久后，他又动身来到了陈留郡（今河南开封）境内。

曹操前往陈留郡之前，脑海里就已经有了自己的计划，留得青山在，不怕没柴烧，从董卓的魔爪下逃出生天不是最终目的，他的目标是招兵买马，组建一支属于自己的武装力量，起兵赶跑控制朝政的董贼，以求匡扶汉室，尽一份臣子的责任。

而从黄巾起义以来，东汉王朝便已经陷入了风雨飘摇之中，再加上汉少帝和汉献帝的废立之争，明眼人都看得出，东汉已呈现出摇摇欲坠之势，崩塌解体是早晚的事情。各地军阀势力看到这种局面，已然按捺不住，纷纷划地割据，天下乱局业已形成。

曹操深知，在这样的一个乱世之中，无论是扮演忠臣良将的角色，还是趁机火中取栗，妄图称王称霸，必须有一支强大的军事力量作后盾，这是生存和图强的必要条件。

曹操在陈留积极招兵买马，一是因为这里经济富庶，人口稠密，兵源充足；二是因为曹操拒绝董卓的征召，放弃荣华富贵、高官厚禄，他勇于抗争的所作所为赢得了正直人士的钦佩，口碑形象很不错，再加上这里的太守张邈、兖州刺史刘岱和曹操的私交不错，他们都热烈欢迎曹操的到来。

天时、地利都具备了，曹操的重心放在了"人和"上面。他知道想要赢得众人的支持，就必须从打造良好的"人设"开始。在这一点上，曹操做得非常不错，他首先拿出全部的家产，广施钱财以笼络人心。接着又打出"讨伐董贼"的大旗，鲜艳的旗帜上写有

"忠义"两个大字，陈留等地的百姓见了，纷纷称赞曹操的正义之举，无数青壮年踊跃应征，络绎不绝。

在众多的应征人员中，有几位比较具有代表性的人物，如曹仁、曹洪、夏侯渊、夏侯惇、曹真、乐进等人。

以曹真为例，曹真原姓秦，父亲名为秦邵。曹操在陈留招兵时，秦邵积极为曹操奔走，后来秦邵被豫州牧黄琬杀害，曹操可怜年少的秦真，便收其为养子，改名曹真。这一点展现出了曹操的仁义一面，有助于他树立正面形象。

乐进也是助力曹操起家的重要人物。乐进祖籍阳平郡卫国县（今河南清丰县），为人刚烈勇猛。他仰慕曹操的侠义之风，听说曹操募兵的消息之后，第一时间就投靠到曹操的帐下，随后凭借自身的能力，独自募兵千余人，成了曹操兴兵之初军事力量的重要组成部分。

好的口碑和人设，是一种无形的"品牌"效应。高举义旗的曹操，在短短时间内便募集了一支五六千人的武装力量，各路人才精英也被曹操招至麾下。这一雄厚班底，助推着曹操登上了东汉诸侯割据的历史舞台，开启了他人生重大转折的序幕。

> **曹真**
> （？—231年），字子丹，原姓秦，幼年丧父，被曹操收为养子。沛国谯县（今安徽亳州）人，三国时期曹魏名将。

口碑，是人格魅力的体现

曹操为人仗义，待人豪爽，不畏权贵，扶危济困，广施钱财，为自己赢得了良好的口碑。而曹魏集团能成为东汉、三国时期的人才聚集中心，也和曹操善于打造好口碑的做法密不可分。

进一步说，拉班底，打造好口碑，两者之间是一种相辅相成的关系，好口碑是打造班底的基石，一个凝聚力、向心力强的好团队，也会无形中让团队带头人的良好形象得以更远、更为高效地传播。

从曹操波澜壮阔的一生不难看出，人格魅力很重要，因此，作为团队领导者也要树立良好的口碑和形象。具体来讲，一是要有担当，有魄力，敢想敢干，树立起一个领导者的口碑与形象，当具备了良好的个人形象时，就如同强大的广告传播效应，会吸引更多同样优秀的人才汇聚到自己的身边，聚拢各方人才为我所用。二是要能够带领团队成员在拼搏的征途中逐梦、圆梦，在实现目标的过程中让每一个人的自我价值得到充分的体现。这样的领导者才会更具核心凝聚力，也才能带领团队成员走得更远。

善于组建优秀的团队

曹操从三十来岁时开始独自创业，着手组建自己的班底。他在创业初期也经历了很多风雨，吃了不少苦头，不仅人手不够，势单力薄，还没有属于自己的地盘，但他凭借自身的"好人设"，让众多英雄豪杰纷纷前来投奔他，一支强有力的团队在他手中得以组建。

随着时间的推移，他还一步步打造出了一个庞大的曹魏军事集团，手下的文臣武将济济一堂，武有许褚、张辽等猛将，文有荀彧、郭嘉等谋士，在他们的辅助下，曹操在东汉末年的政治舞台上纵横捭阖，擒吕布，灭袁术，破袁绍，兵指辽东，威震天下。

干事创业，离不开好的团队，而优秀团队的组建，首先需要领导者自身有广阔的胸襟和度量。团队的凝聚力、向心力来源于团队领导者的胸襟与气度，拿出大格局，打开大心胸，一切以大局为重，才能起到榜样示范的引领作用。

其次是注重维护团队成员的切身利益。除了用远大的目标凝聚人心，还应充分维护每一个团队成员的切身利益，以利动人，完善激励机制，让他们在奋斗的过程中有满满的成就感、获得感与荣誉感。

荥阳一战，虽败犹荣

曹操在陈留、兖州等地紧锣密鼓地招兵买马时，其他诸侯也没闲着，一场"征伐董卓"的军事行动正在悄然酝酿着，带头人便是袁绍。

当年曹操逃出京城后，和董卓不对付的袁绍也离开洛阳来到河北，董卓不愿和袁绍彻底闹翻，为了拉拢他，以汉献帝的名义拜袁绍为渤海（今河北省沧州东部一带）太守。

董卓主动示好的行为并没能让袁绍回心转意，他得到渤海太守之位，有了合理的名头，行事反而更加方便了，于是他出面联合冀州牧韩馥一起打出讨伐董卓的大旗。

任何事情只要有人领头就行，袁绍振臂一呼，关东地区那些对董卓不满的各路诸侯纷纷云集响应，由十八路诸侯组成"讨董联盟"。家庭背景显赫的袁绍作为联盟的重要发起人，被众人公推为盟主，曹操也加入了联盟之中，他作为张邈的附属，被授予奋武将军一职，领兵驻扎在酸枣（今河南延津）。

远在京师洛阳的董卓得知袁绍组建联军的消息后，一时间也慌了手脚。他自知实力有限，仓促之下，不顾朝中大臣们的强烈反对，做出了迁都长安的决定，以避敌锋芒。

董卓为何执意迁都长安呢？一方面是因为关东联盟声势浩大，他们站在道德的制高点上，对董卓形成了强大的军事和心理压力。另一方面，长安距离董卓的老巢凉州较近，迁都长安能让他感到踏实不少。

在胁迫汉献帝以及洛阳军民一起西迁时，凶残的董卓还派人一把火烧了洛阳这座上百年的帝都，京师昔日的繁华在无情的熊熊火焰中被付之一炬。

事实上，董卓这次是看走了眼，吓破了胆，他被十八路诸侯的声势给震慑住了。其实以袁绍为首的联军并没有董卓想象中那么强大，众人所结成的联盟是松散的、不牢固的。群雄表面上聚在一起，以袁绍马首是瞻，但在暗地里却各怀心思，各有私心，大多数是为了给自己捞取一个好的政治名声，从一开始就打定了"出工不出力"的算盘，以自保为主，因此很难形成牢不可破的凝聚力。

在这种一盘散沙的局面下，十八路联军一个个都按兵不动，坐看董卓派人挟持汉献帝西迁而去，白白失去了大好的追击机会。

在这里面，真正一心想要攻打董卓的，只有曹操、孙坚等寥寥几人。

曹操一开始从陈留起兵，竖起"忠义"大旗，目标就非常清晰明确，那就是领兵打入洛阳，赶跑或灭掉董卓，兴复汉室，承担起一个大汉臣子应该尽到的责任和义务。在这一点上，曹操和孙坚一样，有理想，有抱负，没有什么私心杂念。

所以，当群雄聚在一起开会时，曹操在会议上慷慨激昂，详陈利弊，主张趁着董卓大规模西迁的时候发起攻击，以早日将这一大汉王朝的隐患给消除掉。可惜当时曹操人微言轻，没有人重视他的建议，反而讥笑曹操异想天开。

曹操大怒，这一次他总算看清了以袁绍为首的天下群雄的嘴脸，他们一个个只想保存自身的实力，指望他们主动出兵和董卓大军作战，无疑是痴人说梦。大怒之下的曹操决定单干，他带领手下的数千兵马一路前进，开拔到成皋附近，准备和董卓决一死战。

幸运的是，曹操并非孤军作战，非常欣赏曹操勇气的张邈也竭尽所能地拨出一部分兵马相助。董卓这边得知曹操的大军向自己发起进攻的消息后，也慌忙派手下将领徐荣领兵迎战，双方在汴水（今河南省荥阳市西南）一带排兵布阵，大战一触即发。

从双方的军力部署来看，曹操只有不到一万的兵马，对方徐荣却有数万精兵，且都是久经战阵的凉州精锐，作战经验十分丰富。因此。在短兵相接后，曹操新招募的士兵的劣势就暴露了出来，徐荣带兵猛冲猛打，几个冲锋过后，曹操的队伍便被对方打得溃不成军，死伤惨重。即使是曹操自己在后撤时，后肩也不小心中了一箭，他忍痛策马狂奔，没跑多远，胯下的战马又被徐荣的追兵射中，受惊的战马一个前立，将曹操从马背上掀翻在地。

后面徐荣的追兵遥遥在望，喊杀声震天，危急时刻，堂弟曹洪将自己的战马让给了曹操，由他断后，掩护曹操先行撤退。在曹洪等人的拼死护卫下，曹操这才得以逃出生天。

荥阳一战，曹操一方遭受了巨大的损失，所募兵马死伤大半，但曹操虽败犹荣。当以袁绍为首的诸侯联军一个个甘当"缩头乌龟"时，唯有曹操敢挺身而出和董卓的大军对垒，他身上所表现出来的大无畏勇气令人敬佩，极大地提升了曹操的声望，这为日后曹操阵营的发展壮大铺垫了良好的基础。

袁绍

（？—202年），字本初，汝南郡汝阳县（今属河南省周口市商水县）人。出身官宦世家"汝南袁氏"，袁氏有四世三公之称。东汉末年军阀首领，汉末群雄之一。

勇敢无畏，活出真正的自我

荥阳一战，曹操所部丢盔卸甲，溃不成军。在这一次军事行动中，曹操遭遇了人生中的一次重大挫折。然而，曹操的这一次失败并未受到嘲笑与指责，反而赢得了天下人的尊重。其中的原因在于，当其他诸侯被董卓的淫威所吓倒时，曹操却拿出一往无前的勇气，为了心中的正义与理想奋勇前冲，无所畏惧的英雄气概令人动容。

初出茅庐的曹操，其敢于担当、勇敢无畏的精神气概令人敬佩，大有一种"虽千万人吾往矣"的豪迈壮烈，演绎了属于自己的人生精彩。

在实际生活中，我们也应当学习这种大无畏的精神，第一是敢于担当，遇到难题不退缩，勇于迎接困难的挑战。第二是不怕失败，从哪里跌倒就从哪里爬起来，继续沉下心去埋头努力，干出一番模样来，让时间去证明自己的才干和能力。

善于从失败中汲取宝贵的经验教训

曹操和董卓的凉州军团作战，几乎是一败涂地，难能可贵的是，曹操从这次失败中学习到了很多领兵打仗的军事知识，为下一步的胜利奠定了基础。

日常工作中，我们会遇到各种各样的难题，遭遇大大小小的挫折与挑战，即使对手很强大，困难如高山，也没关系，我们要做的首先是敢于直面失败，要知道失败并非终点，轻言放弃才是彻底的失败者，失败了就重新站起来。

其次是善于总结反思，将每一次的失败看作促使自己成长的良好契机，将失败当作积累宝贵知识经验的机会，有时即使是失败了，也是一次勇敢的尝试。

最后是要拿出敢于拼搏的勇气，无畏挫折，告诉自己别害怕，别退缩，迎难而上，尽心尽力地去做，在一次次攻坚克难的实践中不断地去突破自我，超越自我，一步步向着更高更远的目标奋勇前进。

管理者要有大格局

曹操势单力孤，出征失败，那些躲在一边暗中观望的各路诸侯，更加不敢主动发起对董卓的进攻了，他们每日饮酒作乐，早已忘记了组建联军的初衷。在短短几个月之后，由袁绍发起的这场看似声势浩大的"讨董联盟"便土崩瓦解，无疾而终。

曹操对此失望至极，但并没有熄灭内心的斗志，失败一次没什么，无非跌倒了重新爬起来。在一番谋划后，他和曹洪、夏侯惇等人一起南下扬州，希望能从这里招募到新的士兵，以求重整旗鼓，东山再起。

在扬州期间，曹操得到了扬州刺史陈温等人的支持，他们将自己手下的一部分兵马拨给曹操，加上曹操自己招募的一些军士，很快又组建出了一支四五千人的队伍。

曹操十分高兴，在做了一番动员后，带领这支人马北上。然而，当队伍走到安徽怀远一带时，这些士兵大多数不愿意离开故土，其中有胆大领头者，趁夜发起兵变，众人叫嚣着向曹操的中军大帐杀来。

紧急时刻，曹操临危不乱，从容应对，这才转危为安。事后清点，这一场兵变，除去或死或逃的，手下只剩下四五百人，面对如此狼狈的局面，曹操一笑了之。他和赶来汇合的曹洪一起继续北上，一路走一路招兵买马。功夫不负有心人，没多久他又拉起一支两三千人的队伍。

返回北方后，曹操再次来到袁绍这里，他恳请袁绍能够以大局为重，趁着董卓西迁立足未稳之际领兵攻打。眼光短浅的袁绍对曹操的规劝置若罔闻，甚至还暗地里搞起了小动作，计划拥立幽州牧刘虞为帝，将汉献帝取而代之。

当曹操得知袁绍的小伎俩时，不由得连连摇头苦笑，汉献帝虽然眼下被董卓所控，但他是正统的汉家天子，合法性毋庸置疑。如果按照袁绍的意思去操作，恐怕会引起更大的动荡与混乱，况且袁绍作为大汉臣子，竟然想擅立皇帝，最终也会将自身置于和董卓一样不仁不义的地步。

为此，曹操多次苦口婆心地规劝袁绍，希望他能将目光放得长远一些，以天下为重，及时悬崖勒马。几番劝说，袁绍不为所动，曹操不由得大怒，他旗帜鲜明地向袁绍表明了自己的立场："诸君北面，我自西向。"

这鲜明地表明了曹操的态度，袁绍胆敢冒天下之大不韪拥立刘虞，那他曹操就不惜和袁绍决裂，始终承认汉献帝作为大汉天子的合法地位。

在众人的强烈反对下，袁绍的计划落空了。经过这一次风波，曹操更加看清了袁绍的嘴脸，认定格局狭小的他不足为谋。后来曹操在济北相鲍信的建议下，决定以黄河以南为发展重心，慢慢发展壮大自身。

不久后，黄巾军的余部黑山军突然向袁绍的地盘发起攻击，曹操主动向袁绍请求领兵退敌。得到允许后，曹操率军大破黑山军，袁绍很高兴，表奏曹操出任东郡（今河南省濮阳县）太守一职。曹操终于拥有了自己的一小块地盘。

公元 192 年春，死灰复燃且宣称拥有百万之众的青州黄巾军向兖州杀来，一时间锐不可当。东郡人陈宫看到局面危急，放眼天下救援兖州非曹操莫属，于是在简单盘算之后，跑来和曹操相见，劝说曹操暂时代理兖州牧，尔后以兖州牧的身份击退来犯之敌。

兖州地域广大，南邻江淮，北接冀州，西通豫州，东连青、徐二州，是东汉行政设置上的十三刺史部之一。曹操乐见其成，在陈宫、鲍信的鼎力支持下，出任代理兖州牧一职。有了名正言顺的职务，曹操领兵和青州黄巾军展开大战，双方在山东东平一带发生激战。几经波折，曹操一方取得了最后的胜利。

在武力平叛这股青州黄巾军的同时，曹操也采取了安抚的手段，他知道参加黄巾军的老百姓并非都是十恶不赦之徒，他们中的大多数人是被逼无奈才不得不铤而走险，所以一味地赶尽杀绝并不是上上之策，收复人心为我所用才是最佳的谋略。

随后曹操主动向对方伸出"橄榄枝"，晓之以理，动之以情。渐渐地，曹操安抚的谋略起到了效果，一方面这些青州黄巾军劳师无功，在曹操手里讨不到半点便宜，早已疲惫至极。另一方面，当年曹操在担任济南相时，积极打击地方豪强，给当地老百姓留下了良好的印象，因此在综合权衡后，数十万青州黄巾军放下武器，归降曹操。

在收降这股黄巾军的事情上，曹操再次展现出了大格局的一面，他对主动请降的黄巾军一律既往不咎，然后仔细分类甄别，将青壮者编入行伍，称"青州兵"；年老体弱者则让他们从事农业生产和一些后勤辅助工作，做到人尽其用。

这一时期，眼光长远、格局恢宏的曹操也赢得了天下才人志士的欣赏，他们纷纷前来投奔曹操，包括荀彧、李典、典韦、乐进、于禁、程昱、满宠等人，他们的到来，让曹操如虎添翼。自此，曹操实力大增，已经初步具备了争雄天下的资本。

陈宫

（？—199 年），字公台，东郡东武阳（今河南省濮阳市范县、山东省聊城市莘县）人，东汉末年吕布帐下首席谋士。性情刚直，足智多谋，年少时与海内知名人士相互结交。吕布战败后，随吕布等一同被曹操所擒，决意赴死。

想要成功，先要打开大格局

曹操的成功绝非偶然，他能够在乱世之中闯出一片新天地，正源于他的大格局：不纠结一时的成败，不斤斤计较，将眼光放在更为长远的地方。如在收降青州黄巾军的问题上，曹操并没有乱杀一气，而是用宽大的方式加以处理，只要愿意跟随他曹操，以往的历史就一笔勾销，这种宽广胸襟下的大格局令人叹服。

观察古往今来的历史人物不难发现，那些格局小的人，常常被困于方寸之地，眼界浅，眼光短，在日常的细小琐碎和磕磕绊绊中逐渐沉沦隐没。反观那些胸襟广阔、格局恢宏的人，他们不会计较一城一池的得失，面对困难总能寻找到突破困境的方法，坚信天无绝人之路，于拨云见日中迎来最美的彩虹。

所以做人做事，先要从打开个人的大格局开始。一是要站在高处看问题，将眼光放得长远一些。二是培养自己具有深度与广度的阅历与思想，多读书，多学习，多思考，多经历生活的锤炼，多和优秀的人交往，以丰富个人的阅历和经验，继而不断地去扩展自己的胸襟和眼界。三是懂得自我反思，"吾日三省吾身"，在反思中得以更好地成长，让胸襟更广阔。

想要发展，要懂得倾听

　　要想走得长远，虚心倾听别人的意见是必不可少的。袁绍在汉献帝还是东汉王朝正统天子之时，竟然利令智昏，想要拥立刘虞为帝，并且在面对曹操的劝说时，听不进去半点正确的意见，最终其计划落空，曹操也与其分道扬镳。

　　可见，要想不断发展，获得成功，首先要学会倾听他人意见。倾听是交流沟通的基础，不懂倾听的人，必然缺乏大格局，也会因自己的一意孤行而自食苦果。作为管理者，要以开放和尊重的心态认真倾听，以一颗包容的心来接纳团队成员的意见，同时积极做出回应，让团队成员感受到被重视。可以说，懂得倾听是团队管理者必备的技能之一。

明确目标，灵活应变

招降了数十万的青州兵，又占据了兖州大块地盘，军中人才济济，猛将如云，军事和政治实力都得到了极大的扩充，曹操成为仅次于袁绍、袁术等人的一方诸侯。接下来，志向远大的曹操又该去追求什么新的目标呢？

曹操很快就明确了下一步的行动目标：巩固已经占有的地盘，不断蚕食周边区域，为荡平群雄、逐一统一北方铺垫坚实的基础。

曹操刚有了清晰的目标规划，就遭遇了一件烦心事。他担任的兖州牧属于代理性质，不被东汉朝廷承认，朝廷派出一个名叫金尚的人前来接替曹操的职务。曹操一听大怒，还没等到金尚过来，就派将领陈兵兖州地界阻拦对方入境。金尚一看从曹操手里讨不到半点便宜，只得掉头走了。

曹操赶走了金尚之后，还没好好喘口气，又迎来了和袁术等人的战斗。袁术、袁绍是兄弟俩，袁术是嫡出，袁绍是袁术庶出的兄长，不过两人一直不和。袁术在董卓乱政后跑到了河南鲁山避祸，在这里他接纳了长沙太守孙坚的投靠，坐拥南阳，出任太守一职，实力大增。

其间袁绍曾派兵攻打孙坚，袁术是孙坚名义上的领导，他自然站队孙坚，和袁绍大打出手，双方很快分化成两个鲜明的敌对阵营。袁术这边有孙坚、公孙瓒、陶谦等人组成联盟，袁绍则拉着刘表、曹操结成联军一起共同对付袁术的进攻，两方大打出手，展开一番混战。

在这场混战中，袁术胜少败多，处于下风，尤其是当他和曹操发生正面冲突后，被曹操打得溃不成军，一路败退到寿春才获得了喘息之机。这一战，袁术元气大伤。

赶跑了袁术，曹操见好就收，回师定陶，很快又将矛头对准了徐州牧陶谦。相传曹操在基本上控制了兖州之后，曾想派人将父亲曹嵩接到自己的身边，哪知道曹嵩走到半路，被陶谦派兵袭杀。杀父之仇，不共戴天，曹操得知消息后怒火万丈，随即兴兵问罪，东征徐州的战火就此引燃。

其实曹操主动攻打陶谦，除了为父亲报仇之外，抓紧时间进一步扩充地盘也是曹操的既定战略目标。陶谦所在的徐州实力弱小，又和曹操控制的兖州临近，占有徐州，曹操的实力将得到成倍的提升，所以于公于私，陶谦注定要成为曹操攻打的对象。

和曹操相比，陶谦确实不是对手，兵微将寡不说，自身的军事能力也不行，因此在开战初期，陶谦的部队一遇到曹军就全面溃败。曹操一口气攻占了陶谦治下的十几座城池，将陶谦打得一退再退。

眼看曹操就要拿下徐州，危急时刻，青州刺史田楷应陶谦的求援请求，带领平原国相刘备一起赶来增援。援军的到来，极大地缓解了陶谦一方的困境。再加上曹操这边劳师远征，作战持续时间长，后勤补给方面出现了困难，一时间难以对陶谦形成压倒性的优势，于是曹操暂时下令撤兵回去。

在短暂休整了一两个月之后，曹操再次调集大军，对陶谦发起雷霆一击。这一次，曹操做了更为充分的准备，他采取兵贵神速的战略，短时间内就打得陶谦节节败退，眼看就可以完全占领徐州时，他的后院突然起火了。

原来曾是曹操盟友的陈留太守张邈，以及他非常信任的陈宫，因为不满曹操的嗜杀，趁着他攻打陶谦的时候，联手推举吕布出任兖州牧，意图断绝曹操的后路。

吕布是东汉末年鼎鼎大名的人物，起初他是并州刺史丁原的部下，后来在董卓的利诱下转投新主，成了董卓的义子。不过他和董卓之间的良好关系也没维持多久，在东汉大臣司徒王允的挑拨下，吕布找准时机将逃到长安的董卓杀死。

除掉了董卓，长安城内因为董卓部将的叛乱引发混乱，吕布被迫逃离长安，一路先后辗转投奔袁术、河内太守张杨以及袁绍等人。

三人之中，吕布在袁绍手下任职的时间最长，不过袁绍嫉贤妒能，再加上吕布手下纪律涣散，袁绍有心除掉吕布，吕布察觉后主动离开袁绍。在此期间，吕布路过陈留时和张邈相遇，两人一见如故，成为无话不谈的好朋友。

张邈待吕布不薄，也有自己的私心。这几年在曹操不断发展壮大的过程中，张邈的心态发生了微妙的变化，要知道一开始曹操曾是他的手下，现在曹操反客为主，成了一方诸侯，张邈反倒屈居曹操之下。心态失衡的张邈遇到了对曹操不满的陈宫，两人一拍即合，将吕布推上了兖州牧的位置。

张邈、陈宫都在兖州一带经营多年，所以两人联合起事，兖州治下大多数城池的守军纷纷响应，很快大部分地盘被吕布顺利控制，屯重兵于濮阳。这样一来，他们三人的行为相当于抄了曹操的大本营，曹操顿时慌了手脚。

幸运的是，寿张县令程昱足智多谋，他在得知了吕布等人的动作后，提前一步行动，成功保住了东平、亢父等战略要地，这才让曹操有了从容布置和反击的时间。不过真正和吕布交手，曹操却吃了不少苦头，几番交手都是败多胜少。打到最后，缺少军粮等作战物资的曹操不得不撤兵返回鄄城。

这时袁绍看到曹操处于劣势，竟然派人威胁曹操，希望曹操能够"识时务者为俊杰"，依旧依附于他，听从他的号令指挥。曹操在程昱的劝说下，果断回绝了袁绍的无理要求，并将重心放在了重新攻打吕布的战略部署上。

第二次大军出征，吕布等人没有了上一次的好运气，他们在曹军的连番攻打下节节败退。经过一年多的艰苦鏖战，曹操一方已经掌控战局主动，看到了胜利的曙光，眼见大势已去的吕布只得弃城逃往徐州。

　　曹操转战青州、徐州，再次夺回兖州实际控制权，其间曾遭遇了重重困难，难能可贵的是，他的内心深处一直有一个清晰的蓝图，他以"深根固本以制天下"为既定策略，以灵活多变的斗争方式从劣势中全身而退，败袁术，攻陶谦，战吕布，逐步稳定了自己的基本盘，一统北方的宏大构想也在曹操心中成型了。

> **吕布**
>
> 　　（？—199年），字奉先，五原郡九原（今内蒙古包头市九原区）人，东汉末年名将，汉末群雄之一。善弓马，时称"飞将"，是人们心目中"三国第一猛将"。建安三年（198年），被曹操围困，最终被曹操俘杀。

做事先明确目标

曹操站稳脚跟后，第一时间就明确了自己的下一步发展目标：打好基础，向外发展，一步步实现一统北方乃至荡平华夏的宏伟目标。有了明确而又清晰的目标指引，曹操的每一步行动才能精准地踩在"鼓点"上，稳扎稳打，步步为营，让目标从蓝图变为现实。

在现代社会中，每一个个体无论是学习还是工作事业的发展，同样需要有一个清晰明确的目标，有目标指引才有坚定的执行力。以事业追求为例，明确目标是前提，一方面应当多去反思自我，结合个人实际，寻找符合自我价值观和自身发展定位的方向，远离浑浑噩噩、毫无斗志的平庸生活状态。另一方面还要将确定好的目标与理想追求付诸实践，不仅要敢于规划，还要敢于落实，好高骛远要不得，一步一个脚印，才能书写壮丽的人生。

在困境面前懂得灵活应变的道理

曹操一路走来确实经历了无数风雨，就拿攻打徐州来说，他前脚刚走，后脚大本营就出现了内乱，在外有袁绍虎视眈眈，内有陈宫、吕布叛乱的不利局面下，善于灵活应变的曹操，很快调整目标，在"深根固本以制天下"的大战略原则下，重点攻打不安分的吕布，在短时间内就扭转了劣势，赢得了胜利。

俗话说"变则通，通则久"，目标明确了，工作的方式和方法也非常重要。在具体执行过程中，首先需要我们具备灵活多变的思维模式，抛弃死板单一、不知变通的做法。其次在遇到棘手的难题时，应多角度、多思维地去分析处理，明白曲线思考的重要性。最后当时机不成熟时，要学会隐忍不发；当情况发生了新的变化时，也应及时调整战略方向，不被僵硬的规则束缚，敢于打破常规，勇于接受挑战，做到因势而动，因势利导，以圆满完成我们的目标计划。

第三章

号令天下：
南征北讨，出师有名

曹操打着"天子"的旗号
占据道义高地，借皇权而号令
诸侯，从此南征北讨。

奉天子以令不臣，是曹操政治生涯的重要转折点，他将汉献帝迎接到许都后，迅速地占领了道德舆论的制高点。趁着有利的时机，他果断组建曹氏集团，对潜在的隐患主动出手，进一步巩固了在北方地区的优势地位。在此期间，他和刘备"青梅煮酒论英雄"，真实流露自己的心声，给人留下了深刻的印象。

奉天子以令不臣

当曹操在东汉末年的政治舞台上逐渐崭露头角时，贵为大汉天子的汉献帝却惶惶不可终日，他这个空有皇帝之名，却没有皇帝之实的"傀儡"，每天过着提心吊胆的日子，受尽了屈辱。

公元192年，专横跋扈的董卓被司徒王允和吕布等人联手除掉，几年来压在汉献帝心头最大的一块石头终于被搬掉了。不过没等他喘口气，长安城内又陷入一场血雨腥风的动荡之中，这一切都要怪王允，可谓"成也王允，败也王允"。

在剪除董卓之前，王允冷静自持，有勇有谋，心思缜密，谁知董卓一死，王允成为长安城内最有权势的人物后，性情突然变了，变得器量狭小、行事专断起来，又没能及时处理好董卓余部的隐患，被对方疯狂反扑。之后王允被杀，吕布逃走，凉州兵团的李傕、郭汜掌握了大权。

李傕、郭汜两人作为只知烧杀抢掠的莽夫，毫无治国理政的风范。在他们的纵容下，手下士兵四处施暴为虐，不久后两人又反目成仇，彼此攻伐，大打出手，整个三辅大地顿时陷入一片哀号之中。

刚出火海，又入深渊的汉献帝，日子更加艰难了，他一度沦为李傕和郭汜相互争抢的人质，备受欺辱。后来还是将领张济出面，劝说李傕等人放掉了汉献帝，他在后将军杨定、安集将军董承、兴义将军杨奉等人的护送下，还都洛阳。

返回洛阳的汉献帝，欲哭无泪，因为当年在董卓撤离洛阳时，一把火焚烧了这座繁华的都城，皇宫、民宅都被付之一炬，如今的京师满目疮痍，到处都是残垣断壁，荒草丛生。贵为天子的汉献帝连最基本的衣食供应都难以为继。

正当汉献帝哀叹忧愁时，在兖州站稳了脚跟的曹操向手下的幕僚们提出了自己的想法，他想将汉献帝从洛阳接到自己的身边，以尽到一名大汉臣子的责任。

当然，这只是曹操表面上的说法，更深层次的含义是他想要以汉献帝为招牌，以收"奉天子以令不臣"之功效。

曹操的这一想法是一时心血来潮吗？当然不是，早在几年前，他手下一位名叫毛玠的谋士就向曹操建议，劝说他莫若采取"挟天子以令诸侯"的手段，在占据道德制高点的基础上实现王霸之业。

毛玠的这一建议顿时让曹操眼前一亮，连连拍手叫好，只是奈何当时自身的条件不够，时机也不是太成熟，因此曹操只得暂且将这一提议搁置起来，现在他拥有了一块不大不小的地盘，军事实力也初具规模，"奉天子以令不臣"的想法又跃进了曹操的脑海里，于是他召集手下的幕僚商议这件事情，想听一听大家的意见。

曹操把问题抛出去后，手下响应的人寥寥无几，只有谋士荀彧举双手赞成。他劝说曹操要当机立断，勇于抓住这一机会，以此来笼络人心，打造个人形象。有汉献帝在身边，对于曹操来说好处多多。荀彧之所以力挺曹操，内心里也有自己的打算，他作为汉王朝的忠诚臣子，希望能够借助曹操之手，复兴汉室江山。

在迎接汉献帝这一重大决策上，虽然两人都有各自的盘算和想法，但无论如何，他们两人的意见是高度一致的，都认为如今天时地利人和样样具备，机不可失，时不再来。

对于来自荀彧的劝解，曹操深以为然，他力排众议，很快便做出决定，派中郎将曹洪前往洛阳迎接献帝一行人。

不过这一次曹洪没能完成曹操交代给他的任务，安集将军董承等人拒绝了曹操的请求。曹操没有气馁，反而更加积极主动地和汉献帝联系，嘘寒问暖，表现出极其关心天子的样子。善于表演的曹操，赢得了汉献帝以及一大批大臣的好感。感激之余，汉献帝拜曹操为镇东将军、袭费亭侯。

不久后，因为董承和另一位大臣韩暹争权，董承为了牵制韩暹，主动写信给曹操，邀请曹操进京勤王。接信之后，事不宜迟，曹操当即带兵动身赶往京城。进入洛阳后，曹操雷厉风行，先是将韩暹赶跑，掌控了军政大权，接着又与杨奉联系，说洛阳被董卓火烧之后，田园荒芜，一干人等无法得到充足的粮食供应，最佳的解决办法是先委屈一下皇帝，让他暂且移住到鲁阳（今河南鲁山），等局面稳定下来之后再从长计议。

曹操的说辞有理有据，毫无破绽，杨奉也没多想，就点头同意了曹操的行动。哪知曹操来了一个"移花接木"，直接将献帝送到了许县自己的地盘上，造成了将天子留在自己身边的既成事实。

杨奉这才如梦方醒，知道中了曹操的诡计，他领兵在后面追击曹操，被曹操反戈一击，大败而逃。由此，在费了诸多周章之后，曹操终于实现了"挟天子以令诸侯"这一蓄谋已久的政治目的。

荀彧

（163—212 年），字文若。颍川郡颍阴县（今河南许昌）人。东汉末年政治家、战略家，被曹操称为"吾之子房"，堪称曹操统一北方的首席谋臣。

善于利用资源为我所用

曹操为了实现自己的政治抱负，力排众议，选择了将被当时众人视作"累赘"的汉献帝迎接到自己身边。以后的事实发展证明，曹操的政治眼光确实高人一等，他充分利用献帝是大汉王朝名义上的天子这一"金字招牌"资源，占领了道德舆论的制高点，无论做什么都打着"天子"的旗号，从而拥有了其他诸侯所不具备的优势。

曹操的做法告诉我们，在面对竞争或博弈时，要善于利用各类潜在的社会资源为我所用，而其中的技巧在于，一是要明确自我的需求和目标，在此基础上有针对性地寻找可供我们利用的资源。二是以目标为中心，梳理身边可供开发的人脉资源，如朋友、同学、同事、亲属以及合作伙伴等。三是建立良好的人际关系，与人交往真诚热忱，在社交活动中不断扩大自己的人脉圈子，积累沉淀能为我所用的资源。

勇于出手，果断把握机会

董卓死后，汉献帝费尽千辛万苦，终于从叛军的魔爪中暂时脱身，返回帝都洛阳，面临生活困难的严峻局面。当时有人劝说袁绍将献帝接到自己身边，袁绍却一直犹豫不决，担心献帝来到自己这里后反而会限制他割据称帝的野心。

曹操却能够果断地把握机会，当机立断主动和献帝一方联系，最终如愿以偿将献帝接到许都，为他以后的行动披上了正统合法的外衣。曹操的这一举动给人以深刻的启示，当机会来临时，要第一时间出手将机会抓在自己的手中。

精准把握时机并能勇敢出手，首先我们要具有前瞻性的思维，密切关注事态乃至时局的发展趋势，从中敏锐地捕捉各种隐藏的机会。其次是早一步布局，张网以待，免得机遇来临时突然慌了手脚。最后态度要坚决，行动要迅速，出手要果断，要知道机会往往都是一闪即逝，快速出手才能牢牢把握难得的机遇，实现自己的目标。

组建曹氏集团

将汉献帝接到了自己的身边，曹操终于长长地舒了一口气，多年的谋划盘算变成了现实。回想当年二十岁时以孝廉的身份入仕，起初曹操只是想成为汉王朝一名兢兢业业的能臣干吏，谁知当黄巾起义爆发以及董卓乱政后，大汉王朝的统治摇摇欲坠，命运的大手裹挟着他向着未知的远方一路狂奔。几乎白手起家的曹操，通过自己的努力和拼搏，打出了一片新天地，和袁绍、袁术、刘表等当世群雄并驾齐驱。现如今连堂堂大汉天子都要仰仗自己，曹操深知，自己命运的转折点也就此到来。

对于汉献帝而言，从被董卓拥立以来，就没过上几天舒心的日子，一直成为董卓、李傕等人手中任意拿捏的"提线木偶"，要不是还有一点利用价值，恐怕早就死于动乱之中了。现在被曹操接纳，衣食供应都得到了极大的保证，站在汉献帝的角度，和曹操相处之初，不能不对曹操所表现出来的"忠诚"表示感激。

因而，在这一对君臣还处于短暂的"蜜月期"时，汉献帝对曹操也是不吝赏赐，很快他拜曹操为大将军，封爵武平侯，同时还授给曹操节钺、录尚书事。一系列的封赏，极大地提升了曹操的政治地位。

曹操得到了皇帝的封赏，他手下的一干文臣武将也跟着"鱼跃龙门"，得到了朝廷进一步的认可和重用。其中，文官中，荀彧担任侍中、守尚书令的职务，成为皇帝身边的亲信重臣，毛玠、任峻官拜典农中郎将，主要负责钱粮的征运工作，曹操身边的另一个重要助手程昱也被获准出任东平相的职务。

武官中，跟随曹操共同起事的夏侯渊、夏侯惇、曹洪、曹仁等人都获得了将军的称号，乐进、吕虔、于禁、李典、徐晃等纷纷出任校尉一职，典韦、许褚担任都尉，大大小小的将领都得到了不同程度的提拔。

与此同时，天下那些有志之士看到局面初定，汉献帝在许都坐稳了位置，一时间也从全国各地纷至沓来。这些人中，有真才实学之辈，也不乏投机取巧之徒，曹操只能择优录用。

但对于见惯了大风大浪的曹操来说，他依旧觉得身边缺少能够为自己运筹帷幄的得力助手，身边拿得出手的谋士，除了荀彧、程昱少数几个人外，其他都难堪大用。而且令曹操内心些许不安的是，荀彧表面上站队曹操阵营，至少在汉献帝未来许都之前是这样的，然而随着汉献帝的到来，曹操察觉荀彧的态度发生了微妙的变化，从情感上荀彧更加认可汉献帝，他为曹操出谋划策的出发点，更多的是希望能够恢复汉王朝昔日的荣光，重振大汉伟业，这在无形中成为曹操心中一个小小的芥蒂。

当然，目前曹操还只能依靠荀彧，比如在人才选拔上，曹操就多次向荀彧要求，希望他能够推荐一些更为优秀的人才为自己所用。一开始，荀彧推荐的是自己的同乡戏志才。戏志才确实有能力，有才干，只是他来到曹操身边不久就去世了，令曹操颇为遗憾。

不久后，荀彧又为曹操推荐了郭嘉。郭嘉字奉孝，颍川阳翟（今河南禹州）人，年少时就博览群书，胸有奇谋。当黄巾起义爆发前后，郭嘉凭借自身高超的洞察力，预见了天下必将陷入一场旷日持久的动乱局面，因此果断选择了隐居避世的生活方式，看似与世无争，实则在暗中一直密切地关注着时局的发展变化。

中间袁绍曾接见过郭嘉，但一番交谈下来，郭嘉认为袁绍没有远大的志向，不是一个能够在风云际会的年代中做出一番王霸大业的人，和他心目中理想的"明主"相差太远，因而果断地选择了离开。直到这一次荀彧慧眼识珠，主动将郭嘉推荐给曹操，两人相见后，一番交谈下来，曹操大喜，不由得额手称庆，他高兴地对身边人说遇到郭嘉是他的幸运，这样的大才之士才是能够帮助他成就大业的人。

郭嘉的喜悦程度不亚于曹操，他从曹操的住处出来，在身边随行人士面前不断地称赞曹操，说曹公志气恢宏，眼光长远，这样的人正是他苦苦寻找的"明主"，值得托付终身。

没几天，曹操就专门为郭嘉设立了"军师祭酒"一职，将他作为身边最值得信任的谋士。自此，武有曹洪、曹仁、夏侯惇等人，文有郭嘉、程昱、毛玠等人，猛将文士济济一堂，曹魏军事集团的雏形宣告成立。接下来，曹操将要按照自己的蓝图去一步步实现自己的宏大梦想。

🍃 打造有战斗力的团队

接纳了汉献帝，曹操的政治地位逐步稳固下来，接下来开始着手组建曹魏集团，吸引天下有才之士纷纷投奔在他的麾下，在进一步充实自身力量的同时，打造出一支拥有强大战斗力的团队。有了实力雄厚的曹魏集团作为后盾，在一统北方和争霸天下的过程中，曹操才能够施展抱负，在汉末三国的历史舞台上大放异彩。

对于企业领导者来说，想要扩大市场，取得成功，就要像曹操一样打造出一支充满战斗力的团队。具体而言，一是企业领导者要能够像曹操那样，拥有强大的人格魅力，具有包容和积极进取的良好品行，成为团队的中心和灵魂人物。二是要有爱才、募才之心，拿出求贤若渴、礼贤下士的态度，各方延揽人才为我所用。三是要给予团队成员足够的信任，相互理解，相互尊重，以起到凝聚人心的作用。

🍃 注重团队的协作与互补

曹操组建的曹魏集团，人才济济，武将有夏侯惇、曹洪、曹仁、于禁等；谋士有荀彧、毛玠、郭嘉等。曹操身边的这些人，文可以为他出谋划策，武可以为他冲锋陷阵。不同类型的人才的才能都得到了有效的发挥、运用，形成了一种无坚不摧的强大合力，助力曹操实现远大的政治抱负。

现代社会中，团队管理者也应充分借鉴曹操的做法，注重团队成员之间的协作和互补工作。首先要懂得合理配置人力资源，在优势互补的基础上，让不同团队成员的专业特长与优势得到全面的发挥。其次要建立良好的沟通机制，让各类信息、资源在团队内部得到及时的传递、共享，形成高效合作的良好局面，以增强团队的凝聚力，提高团队的执行力。

有除患的决心，也要有容人的雅量

　　汉献帝迁都许昌后，曹操开始着手实施自己的下一步行动。他粗略地估算了一下当时的形势，自己占有了兖州和豫州，其他地盘也被天下各个诸侯所占据，军阀割据的态势已然形成，其中北面的袁绍占据冀州等广大地盘，实力最强，但距离曹操较远，东面是吕布占据的徐州，南面是刘表掌控的荆州，而表面上依附刘表的军阀张绣则坐镇宛城（今河南南阳），在淮南和西北称雄的分别是袁术和韩遂、马腾。

　　在对各个军阀割据势力进行了一番详细分析后，曹操决定采取"先近后远""先易后难"的策略，重点解决距离自己最近、威胁最大，但相对实力又不是那么强大的一方。就这样，盘踞宛城的张绣进入了曹操的视线之内。

　　张绣是武威祖厉（今甘肃靖远）人氏，其叔父名叫张济，是董卓帐下一员大将。张绣长期跟随在叔父张济的左右，董卓死后，其余部四分五裂，其间张济率领一部分士兵在攻打穰县（今河南邓州）时不幸身亡，张绣自此接管了叔父的兵马。

不久后，荆州牧刘表得知张绣处于走投无路的困境之中，就主动伸出援手，允许张绣前往宛城任职。刘表这样做主要是想借助张绣的力量，帮助他防守好宛城这一荆州北面的战略要地。

张绣刚刚在宛城落脚，就被"拣软柿子捏"的曹操给盯上了。公元197年初，曹操亲率大军直扑宛城，准备和张绣一决高下。

令曹操意料不到的是，张绣并没有负隅顽抗的打算，他看到曹军前来，竟然主动打开城门，热情地欢迎曹操入宛城相叙。识时务者为俊杰，张绣表示要归顺曹操。

曹操大喜。可能是被胜利冲昏了头脑，在宛城期间，曹操竟强行霸占了张济的遗孀。曹操的举动让张绣恨之入骨，于是在谋士贾诩的策划下，趁夜突然对疏于防范的曹操一方发起袭击。猝不及防下，曹操手下的将士死伤惨重，贴身护卫典韦战死，长子曹昂为掩护曹操逃亡也死于乱军之中。

难能可贵的是，曹操在步步败退中并没有自乱阵脚，面对张绣的尾随追击来了一个绝地反击，不仅大败张绣，还一鼓作气占领了宛城等城池。不过当曹操的主力返回许都后，宛城等地又重新被张绣占领。

此次南征对曹操来说可以说是一场惨败，损兵折将，连他最为器重的儿子曹昂和大将典韦也战死，这让曹操悲痛万分。

曹操咽不下这口气，在当年十一月，再次集结重兵，发起对张绣的第二次攻伐。但因气候寒冷和军粮补给等问题，第二次南征很快便草草结束了。

公元 198 年春，曹操在经过一番精心准备后，发起了对张绣的第三次进攻。当曹操大军将穰县团团围困后，刘表和张绣联手，刘表的大军在安众（今河南镇平一带）截断了曹军的后路，而远在冀州的袁绍也趁曹军大举出动、防守空虚的有利时机偷袭许都，眼看穰县久攻不下，曹操担心许都不保，只得匆忙下令撤军。

张绣和刘表前后配合，对曹军展开围追堵截。危急时刻，曹操开凿地道，出其不意地跳过安众防线，不但摆脱了被围歼的命运，还反手将追击的张绣打了一个落花流水。战败后的张绣，在谋士贾诩的建议下，继续发起追击，这一次给予了曹军重创。

曹操和张绣这一对死敌，在经过反复的拉锯战后，最后竟然出现了和解的戏剧性一幕，这一切和袁绍的行动有着莫大的关系。

当时袁绍兵多将广，实力雄厚，他知道迟早有一天会和曹操决一死战，为此想到了组建军事联盟的战略，主动联络刘表和张绣，提出了结盟的请求。

张绣的意思是靠近袁绍，以袁绍为靠山，谋士贾诩却建议张绣投降曹操，他认为袁绍虽然实力强大，但是鞭长莫及，如果曹操腾出手来，凭借张绣手头的这点兵力，很难讨到多大便宜，最后的失败是不可避免的，因此综合各方面的利弊，只有归降曹操一方才是张绣未来最好的出路。

一开始张绣不同意，毕竟当年曹昂和典韦死在他手里，一旦投降了被曹操找借口杀掉怎么办？心有余悸的张绣犹豫不定，然而贾诩坚信曹操不会那么心胸狭小，在他的大力劝说下，张绣横下心来向曹操示好，主动入许都向曹操请降。

　　果然如贾诩所分析的那样，曹操不计前嫌，对张绣的到来表示热烈的欢迎，大度地接纳了对方，不仅拜张绣为扬武将军，同时为了打消张绣的疑虑，还让自己的儿子曹均娶了张绣的女儿，两人结成了儿女亲家，这一下张绣彻底将心放进了肚子里。

张绣

　　（？—207 年），凉州武威祖厉（今甘肃靖远）人。东汉末年割据军阀，汉末群雄之一。后降曹操，被拜为扬武将军。建安十二年（207 年），随曹操出征柳城，死于途中。

🗡 发现隐患要及时消除

曹操将献帝接到许都后，面临的局面并不轻松，周围强敌环伺，虎视眈眈，稍有不慎就会有被群殴或吞并的风险。值得称赞的是，曹操在冷静分析了自身的处境后，立即制定各个击破的策略，誓要把身边潜在的隐患一一消除。

俗话说："当断不断，反受其乱。"面对隐患，或当我们察觉到潜藏的危机后，一定要有消除隐患的决心。

而要想消除危机，需要我们从这样几个方面着手。一是明确隐患或危机的巨大危害，从思想和意识上做到高度重视。二是分解步骤，制订详细的计划，一步步将隐患消除在萌芽之中。三是学会自我激励，解决眼前面临的棘手难题。很多时候确实会遇到各种各样难以想象的困难，在困境面前要多给自己积极的心理暗示，增强自信心和成就感，拿出百折不挠的毅力，相信自己一定能够成功，也一定会成功。

🗡 培养广阔的胸襟

曹操和张绣之间曾数次大打出手，以常人的眼光来看，张绣和曹操有着不共戴天之仇，毕竟在张绣降而复叛的过程中，曹操的爱子和爱将都死于张绣之手，这样的血海深仇，一般人很难轻易放得下。令人惊叹的是，有着大局观的曹操却做到了，他放下仇恨，选择和张绣握手言和，这等容人的胸襟和气度确实令人钦佩。曹操之所以能成为一代枭雄，确实有其独到之处。

海纳百川，有容乃大，做大事业的人都需要有宽广的心胸。想要培养自己容人的雅量，不妨从以下几点做起。

一是学会理解个体之间的差异，放下偏见，看人不要戴着"有色眼镜"，要从多方面去综合衡量评判。二是看淡得失，不斤斤计较，遇事不纠结，将精力放在更大的目标上。三是善于调节自己的情绪，与人发生冲突时应当保持冷静，避免因情绪失控而做出过激的行为。四是多去反思自我，反思自我行为的不足，不断地提升自我的道德修养。

面对困难，逐个击破

在和张绣的反复拉锯战期间，曹操还抽出手来筹划如何对付袁术和吕布。他和谋士们经过一番详细的商议，决定无论面对多大的困难，都要及早地荡平徐淮两地，拔掉袁术、吕布这两颗"眼中钉"。

之所以将袁术、吕布两个目标提上日程，一是因为袁术僭越称帝，为此还多次向吕布示好，试图组建袁吕联盟共同对抗曹操，这让曹操忍无可忍；二是吕布也是反复横跳，当年他占据兖州被曹操打败后，曾逃到徐州牧刘备手下暂避锋芒，后来袁术派大军攻打刘备，站稳了脚跟的吕布，反过来也出兵和刘备作战，刘备不敌，暂时归附了曹操，被曹操推荐出任豫州牧，驻军小沛，以牵制吕布。公元 198 年，当曹操南征张绣时，吕布趁机兴风作浪，他派兵又和刘备开战，打得刘备落荒而逃。得知消息的曹操对吕布很不满，因此袁术、吕布都成了曹操必须征服的对象。

先说袁术，袁术在初平四年（193年）被曹操击败后，一路逃到了九江，自领扬州刺史。当时的袁术仅仅控制九江郡、庐江郡等有限的地盘，实力和哥哥袁绍相比差了一大截。然而即使如此，袁术的内心深处却藏着一个皇帝梦。野心极大的他，竟然有了登基称帝的想法。

汉献帝来到许都后，袁术再也按捺不住了想要过一把皇帝瘾的念头，他于建安二年（197年）的春天正式通告天下称帝。小小的寿春成了袁术所谓的"帝都"，只是在他登基之后，江淮地区出现了严重的旱情，而袁术自己又每日吃喝玩乐，荒淫无度，财政收入入不敷出。随着袁术登基的消息传出，他昔日的部下、盟友纷纷离他而去，曾为袁术打下江东的孙坚勃然大怒，一气之下脱离袁术单干，独自苦心经营江东地区。

短短的时间里，袁术就已经到了众叛亲离、人心尽失、天怒人怨的地步。袁术对此浑然不觉，为了对付曹操，他开始打起了吕布的主意，亲自给吕布写信，希望双方结为儿女亲家。

吕布的部下陈珪不愿看到两人结盟的局面，于是以袁术名声太臭为理由，劝说吕布三思而后行，莫如靠近曹操为好。吕布思来想去，最后听从了陈珪的建议，派遣使者前往许都向曹操示好。

曹操也非常担心袁术和吕布的联合，为了拉拢吕布，他以汉献帝的名义拜吕布为平东将军，勉励他为大汉王朝尽心尽力。得到了曹操的认可，吕布很高兴，得陇望蜀的他，又想得到徐州牧的职位，于是再次派遣陈珪的儿子陈登前往许都为他讨要州牧的职位。

陈登对吕布没有什么好印象，在曹操面前将吕布贬损得一无是处。曹操看到吕布阵营内部并非铁板一块，不由得大喜过望，他故意以朝廷的名义任命陈登为广陵太守，以离间他和吕布之间的关系。

得知陈登升职的消息，吕布果然勃然大怒，对陈珪、陈登父子恨之入骨。只是眼下他顾不上那么多了，因为袁术被吕布退婚的消息气昏了头脑，以张勋为大将，领兵数万攻打吕布。

当时的吕布只有区区数千兵马，很难和袁术的大军相抗，危急关头，陈珪以吕布的名义给袁术阵营里的韩暹、杨奉二人写信，劝说他们弃暗投明，并许诺袁术兵败后所有军用物资都归他们二人所有。

杨奉原先曾是汉献帝身边的近臣，后来曹操迎接献帝来到许都后，恼恨曹操的杨奉脱离了献帝转投到袁术帐下。现在陈珪对他们许以重利，杨奉等人接信后顿时心动了，他们阵前倒戈，配合吕布杀了张勋一个措手不及，袁术的大军落荒而逃。

惨败的袁术咽不下这口气，不久后又准备起兵攻打吕布，适逢曹操正计划第二次南征张绣，顺带拿袁术练兵，袁术再次大败，狼狈地逃回淮南，暂时不敢轻举妄动了。

压制了袁术，曹操还要着手解决吕布和刘备等人。刘备表面上依附曹操，实则暗中不断地发展壮大自己的实力。刘备的崛起势必要侵犯吕布的利益，对刘备不满的吕布决定先下手为强，一战便夺取了小沛，杀得刘备节节败退。

曹操看到这种局面，知道该对吕布动手了，他亲率大军东征吕布，曹军行动迅速，不等吕布有所反应，闪电般渡过泗水直击吕布，吕布不敌，撤退到了下邳驻守。

曹军锐不可当，蜂拥而来，将下邳围了一个水泄不通，吕布困兽犹斗，据城固守，双方在下邳城下展开了激烈的攻防战。一时之间，防守严密的吕布也让曹操奈何不得，形成了一个僵持的局面。

下邳久攻不下，劳师远征，曹军士兵一个个疲惫不堪，怨言四起，曹操也有点灰心丧气，他想撤兵又感觉不甘心。正当他左右为难的时候，谋士荀彧、郭嘉给他出主意，说现在只能进不能退，必须一鼓作气将下邳攻占，如今既然攻城不利，不如采取水淹的办法打破困境和僵局。

曹操点头称是，他命人引来泗水水淹下邳，整座城池在滔天洪水下顿成一片汪洋，军心大乱，大多数部将商议后开城投降了曹操。吕布一看大势已去，无心恋战的他独自退守到了下邳城南的"白门楼"，后被人押着见到了曹操。

想要活命的吕布请求刘备为自己说情，说身上的绳子绑得太紧了，能不能稍稍松一下，并请刘备向曹公美言几句，只要不杀自己，以后愿为曹公鞍前马后效劳。根据《三国演义》中的情节，刘备担心吕布被曹操所用，于是劝说曹操将吕布给缢杀了。

有些情节虽然是小说家的演绎，但吕布最终被杀却是不争的事实。张绣归降，吕布被杀，曹操在短短几年的时间里克服重重困难，左右出击，大杀四方，不仅成功稳住了兖州、豫州，还一举占有了徐州等地，实力大增。

面对困难要积极行动

曹操和张绣大打出手时，袁术、吕布等人也在后面蠢蠢欲动，曹操面临的是几乎要同时多条战线作战的困境。在巨大的困难面前，曹操没有选择退缩，而是迎难而上，他大败张绣，讨伐袁术，击破吕布，从困境中杀出一条生路。

曹操的做法给人以深刻的启示，每个人在生活中都会遇到或大或小的难题，在这些困难面前，我们不能退缩，要积极面对。

首先，要保持乐观的心态，用积极的心态看待眼前的困境，将困难和挑战看作促进自己成长的大好机会。其次，要坚定必胜的信念，相信自己有能力摆脱困境，解决难题，用强大的信念来鼓舞自己。最后，要正视困难，合理评估困难的程度，制订详细的行动计划，在持续不懈的努力中将难题彻底解决。

各个击破是大智慧的体现

曹操刚刚站稳脚跟，就面临张绣、袁术、吕布等多方势力的进攻或纠缠，面对这些强大的对手，曹操冷静地采取了各个击破的战略方针，一举将袁术、吕布这些"眼中钉"成功拔除。

各个击破，是解决复杂难题时具有大智慧的体现，而想要实现各个击破的目标，应当从这样几个方面入手。

　　一是全面衡量，对整体的复杂局面进行综合分析，做到心中有数。二是划分先后顺序或优先级，难题虽然多，但一定有轻重缓急之分，要根据问题的复杂程度，区分其急与缓、难与易的等级和顺序。三是根据急缓、难易度的不同，制定合理的针对性策略，做到有的放矢。四是集中优势资源，将有限的资源用在刀刃上，做到一击必胜。

煮酒论英雄，一场心理博弈

　　曹操稳扎稳打，啃下了多块"硬骨头"，自身实力越来越强大。而身居皇宫大内的汉献帝却越来越恐慌，如果换作一般无所作为的皇帝也就听天由命了，偏偏汉献帝是一个很想有一番作为的天子，他不甘心大汉江山被曹操这等权臣掌控，每日里忧心忡忡，长吁短叹。

　　伏皇后看出汉献帝的心思，私下里劝说献帝主动联系朝中值得信赖的官员，以图谋大事。两人一番商议后，认为国舅董承值得托付，随即汉献帝咬破手指，秘密写了一道血诏，交由伏皇后偷偷缝制在玉带里，找机会赏赐给了董承。

　　董承回府后拆开玉带，发现了里面的血诏，上面献帝以天子的口吻，授意董承可私下联络忠诚于汉室的文武大臣，相机行事拿下曹操，为复兴汉室出一份力。

　　董承对曹操也早就心怀不满，有了血诏他更能放心行事。第二天他就主动邀请长水校尉种辑、侍郎王服两人密谈，三人很快达成了共识，一定要除掉曹操，扶立汉献帝重掌乾坤。

三人秘密商议后不久，攻占下邳的曹操和刘备凯旋，回到了许都。曹操为刘备表功，闲谈中汉献帝得知刘备也是汉室宗亲，论起辈分来还是献帝的叔叔，因此以"皇叔"相称。既然都是高祖刘邦后人，献帝就有了想要拉拢刘备的意思，当即封赏刘备为左将军。

在献帝的暗中授意下，没过几天，董承便随身携带着血诏，暗夜里秘密造访刘备。两人相见后，董承也没有隐瞒，将献帝的意思和盘托出，并出示血诏给刘备看，以取得刘备的信任。

刘备作为汉室宗亲，从个人情感上讲，他也同情汉献帝的境况，当他看到董承真诚相待，也不由得深受感动，两人约定结为同盟，愿为除掉曹操竭力奔走。

初期董承、刘备等人暗地里的活动串联，曹操都被蒙在鼓里。自从还师许都后，曹操对刘备的一举一动都非常关注，他看得出刘备并非池中之物。其实和曹操抱有同样看法的还有不少，当年刘备第一次在曹操手下做事时，就有人看出刘备只是暂时屈居人下，因此就建议曹操及早地将刘备除掉，以免有后顾之忧。

对于这些建议，曹操一笑了之，当时的他急需四处网罗人才，担心杀掉刘备毁掉他的好人设。现在形势变了，曹操不仅拥有了广大的地盘，在朝中也位极人臣，此时看刘备的眼光自然发生了变化，既要用，又要防，而防甚至大于用，只是苦于没有一个好的借口将刘备除掉而已。

一天，曹操突然心血来潮，派人找来刘备，在府中摆上宴席，准备和刘备畅饮一番。因为担心董承深夜来访的事情被曹操知道，刘备心里发虚，一路忐忑地来到了曹操的府上。

两人相见，曹操满面春风，说刚才看到院子里青青的梅子，不由得想到当年征讨张绣时，行军途中将士饥渴难耐，为了缓解军士们的焦虑，曾欺骗众人说前面不远处就有一片梅林，激励大家打起精神继续行军。这就是历史上被后人所津津乐道的"望梅止渴"的典故。今日他触景生情，感慨系之，因此特备薄酒一杯，请刘备过府谈心，青梅煮酒，不可谓不是一件风雅之事。

听到曹操这样说，刘备悬着的一颗心才稍稍放进了肚子，当即两人入席对坐，开怀畅饮。

酒过三巡，氛围浓烈时，忽而风云突变，远处乌云翻滚，雷声阵阵，似有倾盆大雨压顶之势。曹操仰头望天，开口询问刘备是否知道龙的变化？刘备谦虚地向曹操讨教，曹操沉吟片刻，回答说飞龙在天，相传它能大能小，上天可腾云出没，入地可潜藏深渊，变化莫测，神异非常，犹如人世间的英雄。

说到这里，曹操略微停顿了一下，继而询问刘备当今天下，谁能称得上"英雄"这两个字呢？

话题被抛到了自己这边，刘备不能一直装糊涂，只得硬着头皮提出了几个人选，第一个是占据淮南的袁术。曹操听了连连摇头，嘴角浮现轻蔑的笑意将袁术一口否定，说袁术不过是将死之人，无足挂齿。

刘备又询问袁绍是否当今之英雄，曹操笑着说袁绍这个人看似威武，实则优柔寡断，干大事而惜身，见小利而忘义，难成大事，和顶天立地的大英雄根本不沾边。

刘备想了想，又提出刘表这一人选。曹操依旧是一口否定，说刘表徒有虚名，并没有真才实学。随即刘备又一口气点名孙策、刘璋、张鲁、韩遂等人。曹操听了哈哈大笑，说这些人都是一时之俊杰，空有血气之勇，和真正的大英雄还有着本质的区别。

说到这里，曹操抬头望向刘备，看着对方迷惑不解的神情，便笑着解释说，能够称得上大英雄的人物，须胸怀大志，腹有良谋，器宇盖世，志向恢宏。

刘备在一边喃喃自语，说袁术、袁绍他们都算不上英雄，按照曹公的标准，当今天下谁才有资格担得起"英雄"这两个字呢？

曹操目光灼灼地望向刘备，伸手一指说当今宇内能配得上"英雄"二字的，只有你和我两个人而已。刘备内心没有防备，猝不及防下吓得连手中的筷子都掉到了地上。恰好一声惊雷炸裂，大雨瓢泼而至，刘备赶忙解释说被雷声吓了一跳，这才把筷子掉地上的事情给掩饰了过去。

这件事情之后，刘备心知曹操察觉他心怀异志，再在曹操身边待下去，说不定会有性命之忧。正巧袁术四面楚歌、走投无路，想要去投靠自己的侄儿，也就是袁绍的儿子青州刺史袁谭。刘备得知消息后，主动向曹操请求领兵前往阻拦袁术，曹操没多想就点头同意了，派朱灵、刘备领兵前往拦截，刘备趁机脱离了曹操的掌控。

刘备走后，在谋士郭嘉等人的提醒下，曹操才如梦方醒，只是为时已晚。刘备来到徐州后，因为仁义忠厚，身边很快聚拢了一大批追随者，曹操追悔莫及。

湖北赤壁古战场"青梅煮酒"雕塑

刘备

（161—223 年），字玄德，涿郡涿县（今河北涿州）人，西汉中山靖王刘胜之后，三国时期蜀汉开国皇帝、政治家，史学家称其为先主。

拥有一双识人的慧眼

"青梅煮酒论英雄"，是历史上一个著名的典故，曹操邀请刘备前来喝酒，在酒宴上，曹操纵论天下英雄，将当世诸侯如袁绍、袁术、刘表等人一一排除在外，说天下能够称得上"英雄"两个字的，唯有他曹操自己和刘备两人而已。

曹操的眼光确实毒辣老到，一眼就洞察本质，这就是高超的识人智慧。生活中，我们想要看清楚身边一个人的本质，或是想要发现人才为我所用时，也应学会如何识人。

这就要求我们首先要全面、客观、深入地去看待一个人，由表及里，去伪存真，不能被其表面现象或某一项单一才能所迷惑。其次要观察其人的应变能力，一个人在压力或巨大的变化面前，所表现出来的应变技巧，其实正是对方具有强大适应性、应对能力的体现。最后，是观察其生活细节，从小事看人，一些看似微不足道的细节，往往能够看清楚对方真实的品行与性情。尤其是管理者，要有识人的技巧，去发现和重用那些忠诚有担当、干事有激情的部下。

善于隐藏自我，懂得韬光养晦

刘备依附曹操后，很善于隐藏自己的锋芒，没事就在小花园里种菜浇地，表现出一副与世无争、胸无大志的模样。"青梅煮酒论英雄"之际，当曹操指出他和刘备才配得上英雄的称号时，刘备趁着打雷的有利时机，巧妙应对，将自己惊慌失措的神态给遮掩了过去。

韬光养晦是一种处世哲学，避免在竞争者面前过早地暴露自己的目标，可以为自己争取更多的时间。从策略上看，以下几种方式都有助于我们很好地韬光养晦。

一是学会隐藏实力，在面对强大的对手时，要沉住气，将自身的实力暂且隐藏起来，不让对手及早察觉。二是处事低调，无论是在人际交往中，还是在面对不利环境时，都应做到不张扬、不炫耀、谦虚和善，避免因太过高调而树敌过多。三是耐心地等待时机，在时机不成熟时选择低调隐忍，悄悄提升自我，莫要急于求成；当时机成熟时，果断出击，一飞冲天。

第四章
官渡之战：出奇制胜，一统北方

曹操与袁绍的军队相持于官渡，最终曹军以少胜多，接着扫清障碍，一统北方。

官渡之战，是曹操军事生涯上一次辉煌的胜利，这一战不仅击败了强大的袁绍，更为曹操一统北方奠定了扎实的基础。

　　在官渡之战中，曹操的军事谋略得到了充分的发挥，无论是声东击西，还是按兵不动，曹操都能够在实战中不断调整策略，从而以少胜多，取得了这场经典战役的胜利，一举荡平袁绍集团，顺利统一北方。

攘外必先安内

刘备脱离了曹操的掌控之后，迅速在徐州站稳脚跟，占领了东海郡等地，隐隐有了和曹操分庭抗礼之势。

刘备还不是曹操最担心的，因为此时的袁绍开始蠢蠢欲动，大有和曹操一决雌雄的架势。起初，曹操想借助汉献帝的名义压制袁绍，指责他只顾发展自己的势力，身为王臣从不肯主动出师勤王。

袁绍反唇相讥，说曹操胁迫献帝迁都，在朝中一手遮天，党同伐异，任人唯亲。两人之间展开骂战，裂痕越来越深。

其间袁绍趁着曹操和吕布、袁术大打出手之际，一举占据了青州、幽州、并州等地，手下兵多将广，从表面上看，实力已经远超曹操。曹操对此也是心知肚明，所以在彻底解决了吕布这一隐患之后，就派兵一路推进到黄河以北的河内郡一带，派于禁等人分别驻守延津、白马（今河南滑县东）一带，沿黄河构筑防御工事，以防备袁军。

袁绍看到曹操的矛头指向自己，也急忙做出应对措施。当刘备借口拦截袁术跑到徐州，将徐州刺史车胄袭杀时，袁绍给予了刘备有力的支持，同时他还在河内郡的汲县（今河南卫辉）、原武县（今河南原阳）的杜氏津一带调派了大量的兵力驻守，双方在黄河沿岸形成对峙态势。

刘备脱逃自立，袁绍虎视眈眈，外部形势对曹操来说非常不利。更令曹操烦心的是，他的内部也出现了问题。第一个跳出来的是他的一名护卫，名叫徐他，徐他对曹操专权的行为极为不满，一直暗地里想要寻找机会将曹操除掉，不过没多久便被许褚发现端倪，将他处死了。

徐他死后，董承开始加大了"除曹"的行动。建安五年（200年）春天，暗中联络了不少人手的董承，和长水校尉种辑、侍郎王服等人派人联系刘备，约定共同起事，一内一外，誓要将曹操除之而后快。

不过董承等人操之过急，加上保密工作做得不好，他们的计划泄露。曹操得知内情后勃然大怒，他向来杀伐果断，当即派人将董承等一干试图除掉自己的党羽全部抓来，一网打尽。

孔融也是令曹操头疼的对象之一，孔融少年成名，以一则"孔融让梨"的典故名垂青史。早年间，孔融曾担任过北海国相、汉室少府等职，世人常以"孔北海""孔少府"的名号相称。

曹操迎汉献帝来到许都后，积极招贤纳士，孔融作为名士也在征召的名单之中，出任少府一职，位列九卿。

随着曹操逐渐成长为北方的霸主，刚直耿介的孔融却始终看不惯曹操日益膨胀的野心，多次在朝堂上出言嘲讽曹操，和曹操对着干。

这一次袁绍计划和曹操大打出手也是如此，孔融不看好曹操，他和荀彧谈话时说袁绍地盘广大，兵多将广，手下还有许攸、审配、颜良、文丑等一干智囊猛将，曹操根本抵挡不住袁绍的倾力一击。

孔融等人的风言风语传到了曹操的耳中，为了稳定人心，曹操召集手下专门分析了袁绍的缺点，说他志大才疏，是一个眼高手低之徒，管理部下常常出现"兵多而分画不明，将骄而政令不一"的缺点，对此人不必太过担心，鼓励部下一定要有必胜的信念。

解决了朝堂上潜在的隐患，统一了大家的思想后，曹操又将目光放在了刘备的身上。这时的刘备占有徐州等地，几乎和曹操处于公开决裂的地步，在准备和袁绍决一死战之前，曹操不能容忍身边有刘备这样一个巨大的隐患存在。为了避免将来陷入两线作战的境地，曹操决定对刘备用兵。

有人担心一旦对刘备用兵，袁绍会趁机发兵攻打曹军。谋士郭嘉却展现出高人一等的智慧，他让曹操坚定信心，要知道袁绍这个人做事向来优柔寡断，只要曹操行动迅速，不等袁绍有所反应就结束战斗，一切就尽在掌控之中。

郭嘉的话更加坚定了曹操征讨刘备的决心，在他的亲自指挥下，曹军锐不可当。刘备区区数万兵马根本不是曹军的对手，被打得落花流水，只得投奔袁绍去了，留下关羽独自镇守下邳，后被曹操留用。

内部团结稳定是关键

　　两雄不能并立，对于同处于北方地区的曹操和袁绍来说，他们之间势必会有一场生死对决。而在这紧要时刻，曹操察觉到内部那些蠢蠢欲动的不安定因素，他及时出手消除隐患，铲除暗中支持汉献帝的势力，平息内部"恐袁"的慌乱局面，为全力对付袁绍铺平了道路。

　　团队管理也是如此，内部的团结稳定事关目标能否实现，所以在加强团队内部团结稳定的工作上，团队领导者应做到以下几点。

　　一要注重构建良好的沟通机制，鼓励团队成员畅所欲言，避免矛盾的积累。二是在解决矛盾冲突时，团队领导者要做到公平公正，以维护每一位团队成员的正当利益诉求，营造和谐的团队氛围。三要给予所有团队成员充分的尊重或信任，将合适的人放在适合他们的岗位上，做到人尽其用，让他们的自我价值得到充分的实现。

面对隐患，及时在萌芽状态中化解

　　曹操是一个行动果敢的人，当他发现了影响内部团结稳定的因素时，及时果断出手，干脆利落地将潜在威胁消除在萌芽状态中，绝不让小小的隐患发展到产生致命威胁的地步，如杀掉董承，旁敲侧击回应孔融扰乱军心的言论，这种做事丝毫不拖泥带水的作风值得学习。

生活中的我们，也要睁大眼睛多留心，多观察，发现隐患时及时将其化解在萌芽状态。具体来说，首先应保持警觉，提高敏锐性，时刻关注身边潜在的隐患与威胁。其次应当做好事前预防工作，把预防放在首位，及时查找隐患漏洞，不至于事到临头手忙脚乱。最后是当隐患出现时，冷静下来制定合理的策略，步步为营，稳扎稳打，争取以最小的代价将问题解决掉。

声东击西，解除白马之困

　　曹操这边闹腾的动静不小，董承被杀，献帝受辱，袁绍感觉自己的机会来了，他让身边的文士陈琳写了一篇洋洋洒洒的"讨曹檄文"，檄文言辞犀利，指责曹操残害忠良，嚣张跋扈，是汉室的乱臣贼子，人人得而诛之。

　　檄文一发出，袁绍便积极地调兵遣将，准备和曹操一决高下。在大军出征前，袁绍阵营内部爆发了激烈的争论，谋士田丰劝说袁绍切不可贸然行事，现在并非讨伐曹贼的最佳时机，不如采取袭扰的方式，让曹操疲于应付，最终必将收到事半功倍的效果。

　　袁绍听了非常不高兴，认为田丰这是在给他泼冷水，一怒之下将田丰下狱问罪，尔后领兵出发。曹操得知消息后，连连额手称庆，说袁绍不肯听从田丰的建议，无疑是自取灭亡，所以这一次决战，他有必胜的信心了。

　　袁绍亲率大军出征，以大将颜良、文丑为先锋，刘备次之，他自己则率主力压阵，十几万大军气势汹汹地直奔许都的方向杀来。

对比兵力，袁绍占据着绝对的优势，手下十余万精兵良将，其中张郃、高览、文丑、颜良都是勇冠三军的猛将。智囊团上，袁绍身边不乏智谋出众的人物，如郭图、许攸、审配、沮授等，都是足智多谋之士。在后勤物资供应上，袁绍也准备得非常充分，粮草充足，足以保障手下十几万大军的需求。

反观曹操，兵力不如袁绍，粮草也不如对方充足，唯一可以和袁绍相抗衡的，就是他手下也有一干文臣武将，武有张辽、徐晃、许褚、夏侯惇、于禁等，文有贾诩、荀彧、郭嘉等。两相对比，曹操处于下风，决战之前，曹操阵营将士们的信心其实并不足。

曹操对此也十分清楚，因此在开战之初，他做了精心的部署，派臧霸占领北海（今山东昌乐）、东安（今山东沂水）等地，以起到牵制袁绍的作用。另派大将于禁进驻延津渡口，自己则亲率主力直扑黎阳（今河南浚县），沿官渡（今河南中牟东北）一线布置重兵，集中优势兵力和袁绍对峙。

建安五年（200 年）二月的时候，袁绍的大军到达了黎阳，他把这次南下主攻的方向放在了白马。根据《三国志·武帝纪》的记载，当袁绍率部队来到黎阳后，当即令大将颜良、郭图、淳于琼领兵直扑白马，攻打驻守在白马的曹军将领刘延。

如果袁绍能一鼓作气拿下白马的话，曹操将会处于更为不利的局面，但事情的发展不受袁绍掌控。刘延在白马经营日久，防御工事坚固，颜良等人久攻不下，从而给了曹操反击的大好机会。

谋士荀攸对曹操说，不要直接正面发兵救援刘延，应当采取迷惑袁军的做法，先派兵做出准备从延津渡河的样子，袁绍看到后方被人偷袭，肯定会分兵延津，这样一来，曹操就可以以迅雷不及掩耳之势直扑白马，打颜良一个措手不及，到时白马之围就能轻而易举地解除了。

曹操大喜，他以荀攸的"声东击西"之策引诱袁绍分兵，袁绍果然中计，分兵向西阻击曹军，与此同时，曹操领兵迅速行动，直扑白马。等到颜良得知消息后，曹军已经杀到跟前，颜良大惊失色，仓促之下领兵迎战。

曹操稳操胜券，派张辽、关羽主动发起进攻。根据相关史料记载，关羽一马当先，在厮杀混战中远远望见了颜良头上张开的麾盖，一拍战马径直杀向颜良。猝不及防下，颜良被关羽阵前斩杀。

颜良一死，袁军军心涣散，曹军一拥而上，袁军大败，白马之围被解。袁绍、曹操第一次交锋，以曹操大胜结束。

> **荀攸**
>
> （157—214 年），字公达，颍川颍阴（今河南许昌）人，荀彧的堂侄，曹操的谋士，荀攸才智过人，谋略超众，且为人忠厚谦让，受人敬重，为曹操统一北方做出了很大贡献。曹操评价他："忠正密谋，抚宁内外，文若（荀彧）是也，公达（荀攸）其次也。"

善于听取不同的意见

从袁绍和曹操的军事实力来看，曹操处于下风，袁绍占据着巨大的优势，但是谋士田丰劝说袁绍从长计议，选择合适的时机，不必急于一时，但刚愎自用的袁绍对于田丰的忠告嗤之以鼻，他的急躁冒进已经注定了失败的结局。

无论是日常生活中还是工作中，与人相处时，都要从善如流，善于听取不同的意见。具体而言，需要做到以下几点。

首先，要拥有开放、包容的心态，敢于敞开心扉接纳不同的意见，不能让自己被自身固有的认知与偏见所束缚。其次，不要预设立场，鼓励大家积极发表建议看法，帮助自己多角度地看问题。再次，注重倾听和沟通，然后结合自身实际选择最优的解决方案。最后，懂得自我批评，错了要及时改正，不要骄傲自负，冥顽不灵。

面对难题巧用灵活应变的策略

袁绍大军选定白马一线作为突破口，重兵压境，这给了曹操很大的军事压力，曹操在谋士荀攸的建议下，采取了"声东击西"的战略，在迷惑对手的同时，轻而易举地解决了难题。

面对难题，灵活应变是关键，而这一能力的培养，需要我们做到这样几点。一是面对困难应从容冷静，不慌不忙，坦然应对突如其来的变化，千万不能因惊慌失措而忙中出错。二是认真观察，留意细节，仔细分析，沉着应对，从中捕捉到可以为我们所用的有用信息，以找到解决难题的突破口。三是要敢于跳出思维定式，打破常规，从更高的维度多方位、多角度看待问题，从而制定出更有创意、更具实效的解决方案。

按兵不动，比的是耐力

白马之围被解除后，曹操知道在袁绍大军的直接威胁下，白马难以长久坚守，因而他做出了撤离白马的决定，所有人员物资都运回大本营。

袁绍这边也很快得知了颜良战死、大军溃败的消息，向来自负好面子的他，难以接受这一惨败的消息，顿时老脸通红，恼羞成怒，准备下令追击曹军以挽回颜面。

面对袁绍的暴怒，谋士沮授站了出来，他劝说袁绍不要被愤怒冲昏了头脑，眼下当务之急就是应当集中优势兵力去袭击曹操一方的重要战略支点官渡，如果能够占领官渡，再渡河向曹军发起全面攻击，到时就能稳操胜券了。

但袁绍根本听不进去沮授的苦苦相劝，只想快速渡过白马津追击曹操。沮授看到袁绍一意孤行，丝毫听不进不同的意见，不由得连连摇头叹息，心生退意的他准备辞别袁绍归隐。袁绍驳回了沮授的请求，还将他手下的士兵交给郭图统领，彻底让沮授坐了"冷板凳"。

在袁绍南渡白马津时，文丑是先头部队，他很快就在延津黄河南岸附近的南坂撵上了曹军。其实这并不是因为文丑脚程快，而是当曹操得知袁绍尾随追击的消息后，特意下令让队伍停下来安营扎寨，构建防御工事，然后又命人将卸下了马鞍的战马都散放出去，还故意在地上丢弃盔甲武器、粮食等物资，尔后全军隐蔽在一旁，静等袁军的到来。

果然如曹操所料，文丑率先头部队赶到时，被眼前丰厚的"战利品"给吸引住了，士兵们纷纷上前争抢。与此同时，曹操一声令下，伏兵四起，袁军一看四野都是曹军，顿时魂飞魄散，四散奔逃，乱成一团，混战中，文丑被斩杀。

曹操伏击得手，迅速领兵撤退到官渡一线。看到曹操南撤官渡，沮授又坐不住了，他建议袁绍不如采取持久战的方式，持续消耗曹军的实力，等到战机成熟时发起雷霆一击。

袁绍对沮授的建议置若罔闻，他指挥大军向前推进，顺势南下。建安五年（200年）七月间，袁军渡过黄河到了阳武（今河南原阳）境内，十余万袁军呈东西方向安营下寨，军营绵延数十里，蔚为壮观，和退守官渡的曹操形成南北对峙的状态。

对于袁绍而言，他劳师远征，应当尽快寻找战机速战速决，但袁绍渡河后一直按兵不动，双方僵持了将近两个月的时间。九月间，曹操试探性地发起了进攻，连续几次都没有任何的战果，曹操一看干脆偃旗息鼓，闭门不出。袁军也组织了几次攻击，奈何曹军的营垒坚固，防守严密，也只得无功而返。

就这样，在长达三个月的时间里，双方都不曾爆发过大规模的正面冲突，但从总体上看，这时的袁军依然在声势上牢牢压制住曹军。曹操人手少，军粮运输困难，曹营内部有一些动摇分子暗地里偷偷给袁绍写信请降，到了最后，甚至连曹操本人都有点失去了信心，萌生了退兵的打算。

打算撤军前，曹操给远在许都的荀彧写信，征求他的看法。荀彧一看着急了，急忙给曹操去信，在信中荀彧勉励曹操，说袁绍这一次倾巢而出，志在必得，关键时刻如果曹操顶不住压力退守许都，恐怕将来连许都都守不住，现在只能是双方比拼耐力，谁也不能轻言后退，只要我们能够咬紧牙关再坚持一段时间，远道而来的袁军将会疲惫不堪，等到他们气势减弱的时候，就是我们获得胜利的时刻了。

比耐力，贵在坚持，谁坚持到了最后谁就是胜利的一方。荀彧的一番话，重新鼓舞了曹操的斗志，他下定决心继续坚守，一直等到局势出现重大转机的那一刻。

> 张辽
>
> （169—222年），字文远，雁门马邑（今山西朔州）人，三国时期曹魏著名将领，谥刚侯。陈寿撰写《三国志》时，称他为曹魏的"五子良将"。

不要轻易被愤怒冲昏了头脑

曹操和袁绍白马一战，袁绍一方损兵折将，被愤怒冲昏了头脑的袁绍，在指挥大军追击曹操时，又被曹军给狠狠教训了一顿，接二连三的失败让袁绍方寸大乱，以至于出现了一系列的战略失误。

俗话说："冲动是魔鬼。"在需要做出重大抉择的时候，一定要告诉自己冷静再冷静，三思而后行。为了避免出现冲动行为，不妨从这样几个方面进行自我调节。

一是自我察觉，当因事态失控接近情绪爆发的临界点时，要让自己冷静下来，以有更多的时间去思考。二是多听，多看，多问，提高自我的思维认知，从更高的站位全面看待问题的全局。三是多自我反思，将身上存在的狭隘、偏执的一面去除，始终保持自信乐观的心态。

坚持下去就是胜利，决不半途而废

曹操和袁绍对峙，看不到胜利希望的曹操萌生退意，关键时刻，荀彧站了出来，告诉曹操现在是双方比拼耐力的紧要时刻，唯有持之以恒地坚持下去，才能拨云见日，看到胜利的曙光。荀彧的一番话，让曹操重新燃起斗志。官渡之战曹军之所以能够获得大胜,显然是曹操努力坚持的结果。

世间没有随随便便的成功,凡事贵在坚持,当你心有懈怠,快要坚持不下去的时候,不妨这样告诉自己:一是坚持就是胜利,无论局面多艰难,都要咬紧牙关继续坚持,半途而废就意味着前功尽弃,必须坚持到底,持续努力;二是仔细梳理造成困难的因素,一一认真分析,逐条解决,当自身力量有限时,不妨从外界寻求可以得到的帮助;三是敞开心扉,多和身边的人沟通交流,从中获得鼓舞自己继续前行的精神力量。

兵来将挡，水来土掩

  袁绍和曹操双方虽然在决战前都没有向对方发起大规模的军事进攻，但不代表两大阵营之间没有小动作。袁绍摸不清曹军的虚实，不敢贸然进攻，就想出了一些"歪点子"，当他看到曹军坚守营垒闭门不出时，就让人运来大堆的黄土堆成小山的模样，让擅长射箭的士兵登临其上，居高临下地对着曹营开弓放箭。曹军处于低处，所有行动都完全暴露在袁军的视野之内，一有动静便会招来袁军密集的箭雨，逼得曹军只得借助盾牌的掩护才能勉强来回走动。

  被动挨打的滋味不好受，一直躲着也不是长久之计，曹军很快想出了办法，他们制作出了一种名叫"霹雳车"的器械，上面放置石块，可以利用机械动力将石块抛到袁军的土山上，破坏他们建造的箭楼，有效阻击了袁军的利箭威胁。

  一计不成再生一计，袁绍继续针锋相对，土山不行，他们就悄悄组织人手挖掘了若干条地道，试图通过地道袭击曹营。曹军侦察到袁军的动向后，在军营内开挖壕沟，破除了袁军的地道偷袭战术。

袁绍不甘心，他又想到了袭击曹军粮草的计谋，不过由于曹操这边防守严密，袁军几次行动都没有什么结果，袁绍也只得放弃了这一行动。

再说荀彧，其间他除了写信勉励曹操继续坚守下去，还以实际行动尽可能地驰援曹操，他千方百计筹措了一些军粮送到了官渡前线，暂时缓解了曹操的燃眉之急。

曹操也深知稳定军心的重要性，当务之急是要安抚大家内心惴惴不安的情绪，因此当荀彧派遣的运输粮草的士兵赶来时，曹操高兴地对这些士兵说辛苦你们了，大家再坚持半个月的时间，我们一定能够克敌制胜，到时候你们也就可以好好休息一番了。

曹操的话语，仿佛给众人吃了一颗"定心丸"，将士们看到曹操一副镇定从容、胸有成竹的模样，也都慢慢安下心来，不再那么悲观失望了。

过了不久，前一段时间荀彧送来的粮食又所剩无几了，曹操看在眼里，急在心头，更令他忧心的是，财大气粗的袁绍却不缺粮不缺衣。根据可靠的消息，袁绍那边运送粮草的数千辆辎重车已经快要到达前线了，这是曹操所不愿看到的局面。

着急上火的曹操坐立不安，谋士荀攸看出了他的心思，他给曹操出主意，说袁绍那边押运粮草的主将名叫韩猛，韩猛这个人他比较了解，虽然为人勇猛，但也有急躁轻敌的缺点，现在只要我们派出一支奇兵发起突袭，定能将对方的这批辎重付之一炬。

曹操大喜，他在荀攸的提议下，派偏将军徐晃去完成这一焚粮重任。徐晃果然不负众望，他率军打败了韩猛，一把火将对方的辎重全部焚毁。袁绍得知消息后心疼得要死，气得顿足捶胸。

焚烧了袁绍的军粮，曹操的内心才稍稍安定了一些。不过他还要面对己方粮草短缺的问题，只能派使者回许都向荀彧催粮。不过这名使者运气不好，走到半路的时候，不幸被袁绍的士兵抓住了，顺带还被搜出了曹操写给荀彧催粮的信件，信件随即交到了袁绍身边重要谋士许攸的手中。

许攸拿到信件后大喜过望，他急忙赶来面见袁绍，他分析眼下曹军的主力都集中在官渡一线，如果这个时候派一支军队轻装简从，快速突袭曹操的老巢许都，一定可以轻而易举地将许都占领，一旦许都有失，曹军必然军心大乱，到时我们就能取得不战而胜的良好效果了。

许攸的建议其实非常正确，如果袁绍能够虚心纳谏，听从许攸的建议，那么历史将会是另外一个结局。可惜的是，刚愎自用的袁绍对许攸的计谋嗤之以鼻，他坚持要和曹操硬碰硬，以显示自己强大的军事实力。许攸看着固执的袁绍哭笑不得，他似乎已经看到了袁绍一方失败的命运了。

> **徐晃**
>
> （？—227年），字公明，河东郡杨（今山西洪洞）人，三国时期曹魏大臣、名将。谥号壮侯，配享魏武帝曹操的庙庭。

直面困难与挑战，灵活应对

曹操和袁绍的大军形成僵持的局面，其间袁绍小动作不断，试图击败曹军。在曹操的领导下，曹军也克服重重困难，努力寻找解决困境的办法，采用灵活的策略，将袁绍的阴谋一一粉碎，很好地稳住了阵脚。

生活中，每个人都或许会遇到大大小小的困难与挑战，在这些困难面前，我们首先要勇于直面困难，不逃避，不气馁，不畏惧，不恐慌。其次，一定要坚持必胜的信心，相信"车到山前必有路"，一定可以找到解决的办法。最后，要针对具体情况调整相应的解决办法，始终把灵活性放在首位，就像曹操那样，兵来将挡，水来土掩，灵活应对。

勇于打破困境的束缚

曹军军粮短缺，袁绍兵多粮足，这样的局面对曹军非常不利，时间长了，缺少军粮的士兵将出现军心不稳的情况，曹操在谋士的建议下，通过火烧袁绍粮草的办法，让袁绍损失惨重，形势进一步朝着有利于曹操的方向发展。

每个人都难免陷入困境，困境虽令人烦恼，但也是磨砺自我的最好方式之一。明白了这一道理，当我们遭遇困境时，除了保持乐观的心态之外，我们还应从曹操身上学习这样几点：一是不要自乱阵脚，要积极寻找突破困境的方法；二是要大胆探索，勇于尝试，不要畏惧失败，一旦有了合理的想法就要落实到实践，由实践去检验，无论结果如何总要去尝试一番，即使是失败了，也能从中获得宝贵的经验教训，尔后重新调整策略，再接再厉。三是要学会寻求帮助，听从他人合理的建议，以求快速从困境中突围。

出击就要做到稳准狠

从田丰到沮授乃至许攸，一个个好的建议都被袁绍否决了，不仅如此，田丰被下狱问罪，沮授被收缴兵权，许攸也很快遭遇了来自袁绍的沉重打击。

有一天，从邺城来了一封信，信是袁绍的亲信审配派人送来的。袁绍拆开一看，不由得怒火中烧。原来信里面写的是许攸侄儿的事情，许攸的亲侄儿在邺城犯了事，审配自然要写信向袁绍通报这件事。

袁绍大发雷霆，将许攸找来，一顿斥责。本来前番自己的建议被否，这次又加上家事的打击，许攸彻底对袁绍失望了。一个月黑风高的晚上，许攸简单收拾了一下，连夜溜到了曹军的大营。

曹操听说许攸深夜来访，不由得喜出望外，高兴得连鞋子都来不及穿就跑出来迎接对方，一见面就拉着许攸的手连连说太好了，有子远（许攸的字）在，一切难题都可以迎刃而解。

两人携手走进中军大帐，许攸也不客气，单刀直入地询问曹操这边的军粮还可以支撑多长时间？一开始曹操支支吾吾不愿实情相告，许攸冷笑地看着曹操，说如果曹操不想打败袁绍，那就尽管随意隐瞒好了，就当没有他许攸这个朋友。

话已至此，曹操尴尬地笑了笑，这才将内情和盘托出，他告诉许攸曹军的军粮只能维持不到一个月的时间，再这样熬下去他也将束手无策，或许退兵是唯一的选择。

许攸听了，却表现出一副胸有成竹的样子，他告诉曹操不要着急，打蛇打七寸，制服"庞然大物"要善于捕捉有利的战机。曹操听了眼光一亮，急忙询问许攸应该怎么做？许攸不紧不慢地道出自己的计谋，说只要派兵烧了袁绍存放于乌巢的粮仓，用不了几天，袁绍的大军将不战自溃。

原来在许攸投奔曹操前几日，后方又为袁绍送来了一万多车粮草，这些粮草全部存放在乌巢这个地方，是袁军赖以生存的口粮。令人有机可乘的是，袁绍在这里并未驻扎重兵防守，疏于防范，很容易偷袭得手，这招"釜底抽薪"一旦成功，相当于端了袁绍的"家底"，大事可成。

曹操大喜，对许攸的计谋深表赞同。粮仓就是袁绍的"命门"，烧了粮仓，袁绍必将陷入绝境。曹操没有丝毫的犹豫，第二天就调兵遣将，他命曹洪、荀攸看守大营，夏侯惇、夏侯渊领精兵在大营左边设下埋伏，曹仁、李典率将士在大营右边埋伏，而他亲自率精兵五千直奔乌巢。

为了一击得手，曹操事先做了精心的准备，一方面，他让自己的士兵打着袁军的军旗，每个人都携带充足的柴火干草；另一方面，为了防止弄出动静，所有人口中衔着木棍，连马嘴都用绳子绑紧，数千大军趁夜上路，火速赶往乌巢。

大军经过袁绍的军营时，对方看到曹军打着自己的旗号，一点也没有怀疑就直接放行，这也使得曹军在四更时分就顺利地到了乌巢。曹操一声令下，战鼓擂响，将士们点燃手中的火把发起冲锋，一时间喊杀声不绝于耳，火光冲天，亮如白昼。

负责防守乌巢的是袁绍手下的大将淳于琼，他喝得酩酊大醉，在蜂拥而至的曹军面前顿时慌了手脚，手下的士兵互相踩踏，乱成一片，粮仓也处于岌岌可危的境地之中。

> **许攸**
> （生卒年不详），字子远，南阳（今河南省南阳市）人，本为袁绍帐下谋士，后转投曹操，因自恃其功而屡屡口出狂言，触怒曹操而被杀。

莫要让人才白白流失

许攸是袁绍身边的重要谋士，他足智多谋，胸有韬略，可惜这样的人才不能被袁绍好好利用，反而一步步将他推到了自己的对立阵营中去。得到了许攸的曹操如虎添翼，为官渡之战最终的胜利铺垫了坚实的基础。

许攸投奔曹操的故事告诉我们，不能让人才白白流失掉。在企业管理过程中，领导者也常常会遇到人才流失的局面，想要留住人才，可以做好以下几点。

首先，给予人才合理的待遇，让其收入和自身价值相匹配，这是尊重人才的根本，有了充足的物质保障，才能让人才安下心来认认真真工作。其次，营造良好的工作环境，团队和谐，目标一致，形成尊重人才的氛围。最后，要让人才有广阔的发展晋升空间，让人才能够获得学习和不断进步的机会，持续提升自我，自我追求得到满足。

抓住关键点寻求突破

官渡之战的转折点，正是许攸的深夜投奔。许攸毫无保留地将袁绍的情况向曹操和盘托出，许攸这次提供的关键情报，使得曹操眼前一亮，迅速从中捕捉到了有利的战机，随后他以精兵火烧乌巢为战略支点，一举将实力强大的袁绍彻底击败，取得了这场以少胜多经典战役的胜利。

在实际工作中，我们也要善于寻找解决问题的关键点，以求得问题的重大突破。当遇到棘手的难题时，首先要深入地去分析问题，梳理出关键信息，为下一步的计划做好准备。其次要在深入分析的基础上找准切入点，以一点破全局，将看似死局的一盘棋盘活。最后是优化着力点，合理分配精力和资源，以提升问题解决的效率。

以少胜多，事在人为

当曹操领兵偷袭乌巢时，袁绍也在第一时间得到了粮仓被曹军围攻的消息。袁绍军中的将领张郃，急忙提出建议，让袁绍调集重兵火速增援被围的乌巢，只有将曹操击退保住乌巢，他们才能继续拥有和曹军一决雌雄的资本，否则问题可就严重了。

谋士郭图却劝说袁绍将重兵用于攻击曹营。郭图告诉袁绍，曹操这次袭击乌巢，肯定倾巢而出，大营的防守必定虚弱无比，如果袁绍能派人拿下曹军大营，曹操将不战自乱，纵使偷袭乌巢得手，也是得不偿失。

郭图的点子可以说是不折不扣的"馊主意"，袁绍却根本分不清孰轻孰重，竟然点头同意了郭图的计谋，或许此时他的心里也想"赌上一把"，因此才贸然认同了郭图的建议。

做出决定后，袁绍立即派大将高览、张郃领重兵攻击曹营，试图让曹操无家可归。而对于火烧眉毛的乌巢，袁绍仅仅派出了少量骑兵前去救援，然而这点可怜的兵力根本无济于事。

当高览、张郃领兵前来攻打曹军大营时，不出所料，他们遇到了顽强的阻击，曹操在夜袭乌巢前就已经料到了这一点，因此才将曹洪、夏侯惇等大将留下应对敌人的强攻。虽然曹军人数少，但都是身经百战的死士，他们左右配合，悍不畏死，高览、张郃两人的进攻迟迟没有效果。

再说乌巢，曹操对于这次偷袭志在必得，一上来就猛冲猛打，打得淳于琼难以招架。战斗到关键时刻，袁绍的轻骑兵赶来增援，曹操给将士们下了死命令，必须将增援的敌军全部消灭，否则他们将陷入前后夹击的死地之中。

生死攸关之际，曹军爆发出了强大的战斗力，一个个好似猛虎下山一般，悍不畏死地向袁绍的援军发起了反冲锋，很快就将原本就不多的援军给消灭了。大势已去，淳于琼无法抵挡，乌巢粮仓被曹军攻破，随即被付之一炬。

乌巢被曹操占领的消息也传到了围攻曹营的高览、张郃这里，两人顿时心灰意冷，识时务者为俊杰，再对抗下去只有死路一条，他们果断地做出停止进攻的决定，带领手下投降了曹军。

乌巢被烧，张郃等人投降，袁绍得知消息后彻底崩溃，剩余的袁军也陷入一片哀号之中。慌乱之中，袁绍和长子袁谭为了保命，直接舍弃部下夺路而逃，曹操一方获得辉煌的胜利。

回溯历史不难发现，官渡之战开战初期，袁绍无论是兵力还是粮草辎重都占据着绝对的优势，但因为他刚愎自用，昏招频出，一步步让己方走入了覆亡的深渊，十余万大军顷刻间灰飞烟灭，曾经称雄一时的袁氏集团也即将走向灭亡的末路。

反观曹操，最初与袁绍实力悬殊，在僵持不下、缺少粮草之际，甚至一度有退兵的无奈打算，最终却通过屡屡奇袭扭转战局，取得了以少胜多的辉煌战果，大大增强了己方实力，为统一北方奠定了坚实的基础。

郭嘉

（170—207 年），字奉孝，颍川阳翟（今河南禹州）人，东汉末年曹操帐下谋士，官至军师祭酒，封洧阳亭侯。曹操称赞他谋略过人，是自己的"奇佐"。史书上称他"才策谋略，世之奇士"。

做事情贵在分清主次

曹操带领大军火烧乌巢，袁绍的粮仓危在旦夕，在如此紧急的情况下，愚蠢的袁绍却放弃了眼前紧要事务，反而异想天开地想要去偷袭曹军的大营。做事分不清主次的他，最终一败涂地，输得彻彻底底。

很多时候，机遇相同，资源类似，为什么有人能取得成功，有人却一事无成呢？问题的关键就在于成功之人在做事的时候，有一定的方法和技巧。

首先是仔细分析事情、目标、任务，分清主次，将迫在眉睫的事情放在首要的位置上。其次是将大部分精力、时间和资源分配给最为紧要的事情，以求尽快取得成效。最后是避免干扰，心无旁骛地直奔主要目标，以超高效率完成任务。

事在人为，努力一定会有奇迹出现

在官渡之战开战初期，其实大多数人并不看好曹操，也不相信他能够取得最终的胜利，这是鉴于双方巨大的实力差距所得出的结论。但令人惊讶的是，曹操在整场战役中的表现可圈可点，他不畏艰难，从善如流，拿出无畏的勇气和决心，成为笑到最后的那个人，再次证明了"事在人为"的正确性。

事在人为，贵在坚持和努力，这就要求我们无论在学习、生活还是工作中，遇到事情首先要有所为，不要一遇到困难就产生畏惧不前的退缩心理，在积极应对困难挑战的过程中，充分发挥自己的主观能动性，积极主动，敢想敢为，有一往无前的强大行动力。其次，要对目标任务有强烈的责任感，把它当作真正的事业来做，踏踏实实、认认真真地做下去，誓要做出一番成就来。最后，要有承受失败打击的心理准备，心态要积极，一两次失败不算什么，只有勇敢地从失败中站起来，吸取经验教训，并且积极调整状态，坚持不懈地继续努力，才能收获想要的结果。

后患要根绝

官渡之战袁绍惨败，狼狈地逃回了他的根据地冀州。取得大捷的曹操决定一鼓作气，拿出"宜将剩勇追穷寇"的斗志，将袁氏集团彻底消灭，以防对方死灰复燃，以实现他一统北方的宏大战略。

其实对于袁绍来说，凭借他占有的幽州、冀州、并州、青州等广大地盘，如果能用心经营，从失败中汲取经验教训，卷土重来也大有可能，可惜袁绍心眼窄，器量小，这场惨败一直让他耿耿于怀，在巨大的精神压力下，深感抑郁烦闷的他没多久就一病不起，最终于建安七年（202年）五月病重而亡。

公允地说，在东汉末年乱世中，袁绍还算是一个比较有作为的人，在他的管辖范围内，他能够较好地推行德政，善待百姓，因此袁绍的死也令治下的百姓痛哭流涕，可见袁绍还是比较得民心的。

袁绍的死留下了一个很大的难题，这就是继承人的问题。袁绍生前一共有三个儿子，长子袁谭，次子袁熙，三子袁尚。在三个儿子当中，袁绍最偏爱的是三子袁尚，认为袁尚和自己的性情为人非常相像，暗地里也有将袁尚立为继承人的打算。

但袁绍做事向来犹豫不定，在至关重要的继承人问题上也是如此，他想要立三子袁尚，但又不忍心废长立幼，于是迟迟没有做出决定。随着袁绍的死去，袁氏集团内部也因为继承人的问题闹起了分裂。

长子袁谭深得人心，也符合古人立嫡长子的传统，大多数人也比较赞同扶立袁谭上位，如辛评、郭图等人，他们力主立袁谭为继承人。

然而对于其他一些谋士、将领来说，他们倾向于立袁尚为继承人，一方面袁绍生前有这样的意愿，另一方面这些人中的一部分和袁谭有矛盾，如审配、逢纪就是如此。平日里他们两人的行事作风不被袁谭喜欢，他们担心一旦袁谭上位，他们就没有好日子了，因此在袁绍死后，两人就假传袁绍的遗命，在第一时间就宣布袁尚为继承人，不给袁谭反应的时间。

木已成舟，赶回来奔丧的袁谭看到弟弟袁尚坐上了正位，也只得接受既成的事实。不过袁谭并不甘心，随后他自称车骑将军，在黎阳驻守。

实际上，袁谭的大本营在青州，他担任青州刺史多年，在当地根深蒂固。之所以来到黎阳，是因为弟弟袁尚对他心存戒备，将他调离青州大本营，使得他失去了自己的嫡系部队，所有兵马调遣都需要看袁尚的脸色。

为了监视袁谭的一举一动，袁尚还让自己的亲信逢纪担任监军。袁谭到任黎阳后，看到手下没有多少兵马，很难防备外敌的进攻，就请求袁尚给他增派人马。袁尚当然不同意，袁谭大怒，一气之下将逢纪处斩，自此兄弟俩之间的裂痕越来越深。

事实上，袁谭的担心是有理由的，因为曹操很快就对他发起了进攻。建安七年（202年）九月，曹军便大张旗鼓地蜂拥而至，兵锋直指黎阳。

袁谭只得向袁尚求救。袁尚担心一旦派兵增援，这些兵力会被袁谭收编，于是亲自领兵增援黎阳。兄弟二人在黎阳和曹相持了将近八个月的时间，最后不得不放弃黎阳撤回邺城。

曹操原本想要乘胜追击，这时谋士郭嘉站了出来，他对曹操分析说，袁绍的几个儿子面和心不和，如果加大进攻力度，他们为了自保肯定会团结一致，如今最好反其道而行之，故意放任袁氏兄弟不管，做出假意攻打荆州刘表的举动，一旦外敌消失，袁氏兄弟肯定会产生内讧。

事情的发展果然如郭嘉所料，曹操放弃攻打袁尚他们后，袁氏兄弟立即闹起了矛盾，袁尚和袁谭大打出手，袁谭不敌，退守平原县（今山东省德州市平原县），袁尚紧追不舍，派重兵将袁谭团团围困，袁谭走投无路，竟然派谋士辛毗向曹操求援，表示愿意将冀州让给曹操以换取一线生机。

曹操大喜，虽然他也知道这是袁谭的缓兵之计，但不如将计就计，曹操随即出兵打跑了袁尚，尔后撤兵回许都，继续坐山观虎斗。

果然，曹操撤军后，袁尚、袁谭再次大打出手。建安八年

（203年）春，袁尚再次发兵攻打袁谭。曹操看到有机可乘，直接领兵攻打袁尚的老巢邺城，袁尚回援被曹操大败，狼狈地逃往中山（今河北定州一带），邺城失守被曹操顺利攻占。

趁着曹操攻占邺城的有利时机，袁谭出兵攻打袁尚，袁尚只得逃到哥哥袁熙处躲避。袁熙这里也是朝不保夕，两人简单商议后又一起逃到了辽西的乌桓避祸。

大事已定，曹操所要做的就是要斩草除根，彻底消灭袁氏集团，他先是派兵攻打袁谭，战败的袁谭被杀。接着曹操又不远千里征伐乌桓，一战斩杀乌桓单于蹋顿，逃到辽东的袁熙、袁尚两兄弟被公孙康抓住处死，袁氏集团就此灰飞烟灭。而曹操经过将近二十年的南征北战，也终于一统北方。

袁谭

（？—205年），字显思（《东光世系》中字显恩，一说显忠），东汉汝南汝阳（今河南商水西北）人，汉末青州刺史、袁绍长子。

团结，才是最为坚固的力量

袁绍死后，袁氏兄弟本应团结一致，共同抵御外敌，唯有如此，才能让在一旁虎视眈眈的曹操无机可乘。然而可惜的是，为了争夺袁氏集团继承人的位置，兄弟几个大打出手，这自然是曹操乐于看到的局面，他以此为突破口，杀得袁氏兄弟丢盔卸甲，溃不成军，最终斩草除根。

古往今来，无数历史事实充分证明，不团结的话，必将被人有机可乘，团结一致才是取胜之道。所以，要想克服外在困难，就要做到精诚团结。具体而言，要做到以下几点。

首先，心怀共同目标，就同一个目标达成共识，以此为基础团结协作，为了目标的实现一起努力。其次，要拥有大局观和正确的利益观，不要为了一点蝇头小利而忽视全局的利益。最后，出现矛盾纠纷时，要懂得换位思考，学会将心比心，消除不和谐的音符。

莫要放虎归山，彻底消灭隐患是关键

曹操是一个具有大智慧的人，官渡之战后，他最为强大的对手袁绍死了，但他并未就此偃旗息鼓，反而一鼓作气，将袁氏集团彻底荡平，从根本上杜绝了袁氏这一支军事力量死灰复燃的可能。

在两军对战中，放虎归山是愚蠢的做法，绝不能做养虎为患的蠢事，在实际生活中也是如此，遇到那些欺软怕硬、卑鄙阴险的小人时，不能心慈手软。首先，态度要坚决，从思想上重视起来，敢于和同我们作对的小人做斗争，该拒绝就拒绝，该远离就远离，面对他们中伤的行为也应给予积极的回击，绝不能姑息纵容，任由他们兴风作浪，要采取有效措施维护自己的正当利益。

其次，做事绝不能拖泥带水，不能留隐患。有时候那些小人遭到我们强有力的反击时，他们会假意亲近，试图以握手言和的方式来掩饰自己更大的阴谋，这时一定要睁大眼睛，不要被他们的糖衣炮弹所欺骗蒙蔽，要勇于斗争到底。

第五章

赤壁之战：
雄心壮志，
巅峰对决

占据荆州，信心大增，曹操此时准备进军江东，赤壁之战一触即发。

统一了北方后，更加激发了曹操争雄天下的野心，他趁着荆州刘表病逝的有利时机，果断出击，轻而易举地占据了富饶的荆州。本想乘胜一统天下的他，却在赤壁之战中因为大意轻敌遭受了惨败。自此，曹操统一天下的梦想戛然而止，曹魏、东吴、蜀汉"三分天下"的态势也由此形成。

抓住机遇，快速取荆州

建安十二年（207 年），曹操完成了统一北方的战略构想。接下来，他将夺取的目标放在了刘表统治的荆州上。

从汉献帝刚即位不久开始，刘表就开始着手控制荆州，他一步步肃清了荆州地盘上的各个割据势力，将荆州治下的零陵、桂阳、南阳、江夏、长沙、武陵、南郡、章陵八郡牢牢掌控在自己的手中，成了汉末"地方数千里，带甲十余万"的实力派人物。

刘表这个人和曹操不同，他没有太过远大的理想，只想占据荆州这块富饶之地，试图在乱世之中偏安一隅。所以，当年无论是曹操和袁绍如何大打出手，刘表一直按兵不动，任由袁氏集团被曹操一口口吃掉。不懂"唇亡齿寒"道理的刘表，也最终付出了惨重的代价。

曹操在基本上完成了对北方的统一后，对占领荆州产生了浓厚的兴趣，因为将这块地盘收入囊中，对于他具有十分重要的军事意义，从此他进可攻，退可守，豫州、兖州也将从军事前线变成战略大后方。

曹操深知荆州和北方不同，地表河流纵横。从不打无准备之仗的他，专门在邺城开挖了一处玄武池，日夜操练水军。朝堂上他废除了"三公"的职位，自领丞相一职，树立自己的绝对权威。对外他为了避免关中地区出现波动，预先以献帝的名义封马腾为卫尉，并让马腾来邺城任职，实际上是充当人质，只让马腾的儿子马超留在原地负责统领马腾的部队。

一切准备妥当之后，建安十三年（208年）七月，曹军率军从叶县、宛县一路向荆州杀来。

应当说，曹操这一次出征选择的时机确实太好了，就在曹军顺利占据新野之后，刘表因为背部的毒疮发作病亡，将一个偌大的摊子交给了毫无政治经验的次子刘琮。因为继承人的问题，刘表的两个儿子闹起了内讧，这给了曹操可乘之机。

其实，刘表晚年在继承人的问题上也犯了和袁绍类似的错误。刘表膝下有两个儿子，长子刘琦，次子刘琮。刘琦外貌性情和刘表相像，刘表对这个大儿子自然是格外喜爱，但是随着刘琮成婚后，一切都发生了改变。

刘表的原配去世后，他续娶了襄阳蔡氏代表人物蔡瑁的姐姐为妻，刘琮成人后，又娶了蔡夫人的侄女为妻，从此蔡夫人便成了刘琮在家庭内部的强大后盾，她经常在刘表跟前表扬刘琮、打压刘琦，久而久之，刘表从偏爱刘琦变成独宠刘琮，刘琦的地位岌岌可危。

《三国志·诸葛亮传》上记载，失宠的刘琦没办法，几次三番

向诸葛亮求教，后来诸葛亮被缠得没办法，建议他出镇江夏，暂时
远离是非之地。

刘表死后，刘琮在蔡瑁等人的强力拥护下，接替父亲刘表继任
荆州牧一职。就在刘琮刚刚接管荆州不久，曹操的大军便气势汹汹
地杀了过来。

大军压境，刘琮顿时慌了手脚，他召集手下商议对策，蔡瑁等
人虽然想要抵抗曹军，但奈何实力弱小，会议风向很快被荆州内部
的"亲曹派"给带偏了，蒯越、王粲等地方实力派劝说刘琮应该第
一时间放弃抵抗，主动投降曹操，认为曹操是以天子的名义征伐，
与朝廷对抗，是以下犯上的叛乱行为，同时刘琮刚刚接管荆州，威
望不足，难以服众，不具备和曹操掰手腕的能力，莫不如投降为好。

有人提议不妨让刘备先去抵抗曹军试一试，几年前刘备投奔刘
表，在荆州有着一定的威望和影响力，但蒯越等人很快否定了这一
提议，他说无论刘备胜利或失败，对刘琮都没有什么好处，只有投
降曹操，刘琮才能最大限度地保住眼前的利益。

刘琮思前想后，最终接受了蒯越等人的建议，主动向曹操投降。
当曹操的大军来到襄阳时，刘琮派人向曹操示好，瞒着刘备将荆州
地盘拱手相让。曹操自然高兴万分，任命刘琮为青州刺史，封列侯。

抓住机遇、快速出击的曹操，轻而易举地占据了荆州的大部分
地盘，以最小的代价获得了最为丰厚的回报，这比他想象中要经过
一番血战要轻松得多，初战告捷的曹操，一统天下的雄心壮志也被
全面地激发了出来。

🪶 果断抓住机遇为我所用

荆州面积广大，物产富饶，百姓富庶，曹操早就对这一块地盘垂涎已久，因此当他得知荆州刘表病重去世的消息后，果断地领兵征伐。在曹军强大实力的威慑下，被吓破了胆子的刘琮不得不选择投降，荆州一地很快为曹操所有。

生活中，机遇是如此珍贵，一旦在第一时间把握住了机遇，将会助力我们人生事业的成功。但想要将一闪而逝的机遇抓在手中，就要做到以下几点。

一是要善于忍耐，机遇不是随时随地都有的，在等待期间，要懂得隐忍。二是提前做好各项精心准备，机遇只垂青有准备的人，一无所长只能是两手空空。三是勇于把握机遇，机遇和风险并存，在机遇来临时，要敢于破除瞻前顾后的心理，果断出手让机遇为我所用。

🪶 做任何事，效率是第一

善于抓住机遇是一方面，如何将机遇落实转化又是另一方面。曹操在得知刘表的死讯后，第一时间出兵攻打，他的这种以快打慢的战略思维，确实让刚刚继承父亲位置的刘琮猝不及防，心慌意乱下只能举手投降。

抓住机遇并让机遇为我所用，效率是第一，以快打慢，快速行动才能抢占先机，牢牢占据主动权。在实际工作中，首先我们要树立效率第一的意识，具备强大的执行力和行动力，在机遇来临时第一时间做出快速反应，果断出手将其抓住，不能有丝毫的犹豫。其次，我们要事前设置完成任务的期限，细化每一步的计划措施，强力推进，一件件落实到位，在强烈的紧迫感中提升工作效率。

判断要敏锐，行动要果敢

当刘备得知曹操几乎兵不血刃地占据了荆州后，不由得大惊失色，他原本想着刘琮会和他一起联合起来对抗曹操，谁知刘琮不是刘表，竟然二话不说直接就投降了曹操，这是刘备始料不及的。孤立无援的刘备也知道单凭自己的实力无法和曹操对抗，匆忙间带领手下一路向南撤退，来到了当阳长坂这个地方。

刘备暂时在长坂停了下来，他在这里见到了孙权派来的大臣鲁肃。孙权在哥哥孙策死后，成为江东地区事实上的主政者。在孙权的经营下，江东地区的经济军事实力不断壮大。羽翼已丰的孙权，这时也打起了荆州的主意，一旦占有地域广大的荆州，他将成为南方地区真正的霸主。

当孙权收到曹操南征的消息时，鲁肃主动说自己愿意前往荆州一趟，打着为刘表吊唁的名义，和刘备私下里会面，听一听刘备的想法，最好是双方联合起来一起对抗曹军。孙权点头同意，就派鲁肃出使荆州，哪知道鲁肃刚刚走到南郡，就收到了刘琮献城投降的消息，只得停下脚步，转向向北进发，不久后在长坂遇上了刘备。

《资治通鉴》上记载，鲁肃"到夏口，闻操已向荆州，晨夜兼道，比至南郡，而琮已降，备南走，肃径迎之，与备会于当阳长坂"。

一见面，鲁肃就询问刘备日后的打算，刘备告诉对方，他准备前往苍梧郡投奔太守吴巨，以后再做打算。

鲁肃听了摇头苦笑，他也没有客气，单刀直入地劝说刘备考虑眼下的形势，不如和孙权联合，孙权占有江东富饶之地，拥有六郡之地，兵多将广，孙刘联合，凭借刘备在荆州的影响力，定能成就一番轰轰烈烈的事业。

刘备听了大喜过望，现如今的他被曹操追得四处逃窜，几乎成了丧家之犬，于是没有任何犹豫，当下和鲁肃达成了和孙权联手共同对抗曹操的初步战略意向。

鲁肃走后没多久，曹操的骑兵便追了过来。曹操知道刘备绝非池中之物，这一次南征荆州，也顺势要将刘备铲除，因而当他得知刘备孤立无援仓皇南逃后，没有犹豫，亲自领虎豹精骑快马加鞭在后面紧追不舍，誓要将刘备除之而后快。

曹操的骑兵快如疾风，行动迅捷，而刘备这边，很多荆州百姓一起跟随刘备踏上逃亡之路，十余万人扶老携幼，行军缓慢，又在长坂耽搁了一段时间，因此最终被曹操的轻骑兵追上。

曹军锐不可当，刘备这点兵马根本不是对手。一场混战后，刘备眼见曹军势猛无法抵挡，只得带着张飞、赵云等少数精锐逃出重围，匆忙向东南逃去，后来和从汉水走水路的关羽会合，加上刘琦带来的一万多人的部队，一起退守到长江东岸的夏口（今湖北省武汉市），暂时在这里存身下来。

而曹操这边，他担心刘备逃往江陵（南郡治所），将该地占为己有，因此并没有继续追击刘备，而是直奔江陵，将江陵占为己有。至此曹操南征基本上取得了既定目标的胜利，荆州一地完全归曹魏集团所有。

占据了江陵之后，曹操信心大增，大有踌躇满志之势，放眼天下，北方已被他全部统一，新近又打下了荆州，汉室江山的一半为自己所有，接下来他准备将进攻的重点放在盘踞在江东的孙权身上。

其实在进攻荆州之前，曹操并没有攻打江东的打算，这是因为当时的他也没有料到能够如此轻松地将荆州收入囊中，胜利的进程远远超过了他的预估。但轻而易举地占据了荆州后，曹操突然改变了主意，他决定趁势而上，挟胜利的余威一举平定江东，完成一统华夏的终极梦想。

鲁肃

（172—217 年），字子敬，汉族，临淮郡东城县（今安徽省滁州市定远县）人，东汉末年杰出战略家、外交家。

保持敏锐的洞察力，助力事业发展

曹操占领了荆州的大部分地盘，无处可去的刘备只得踏上逃亡的路途，带领十余万军民向南逃去。当年"青梅煮酒论英雄"时，曹操就深知刘备绝非池中之物，这一次他征伐荆州，看到刘备在荆州拥有深厚的威望，敏锐地察觉到一旦让刘备逃出生天，获得喘息之机，必将成为自己的一大后患，因此第一时间带兵追击，差一点将刘备生擒活捉。

职场如战场，保持强大的敏锐洞察力，能够很好地助力我们的人生事业发展进步，也能从复杂的信息中捕捉到可以利用的商业机会。

洞察力可以通过后天的训练得来，首先日常生活中多培养自己的观察力，注重细节，从中积累知识经验。其次是在持续观察的基础上深度思考，逐步培养出透过现象看本质的能力。

兵贵神速，拒绝拖延

曹操能占领荆州，大败刘备，攻取江陵，都和他"兵贵神速"的用兵策略有关，取荆州毫不拖泥带水，让刘琮没有充分的心理准备，追击刘备时也是轻骑前进，昼夜兼程，速度第一，一旦判断出事物发展的趋势，就毫不犹豫地积极行动起来，不让拖延成为失败的借口。

兵贵神速，不仅仅是一种战术打法，更是一种具有全局观的战略思维，在激烈的商业竞争中，兵贵神速也非常有必要，任何时候迅速决策和高效执行，都是取得成功的关键所在。

所以，在实际生活中，干事创业时一是要敢于下决心，很多时候，目标能否实现，和坚定的决心与勇气有关。二是要在任务执行的过程中，尽量减少不必要的步骤或流程，讲究效率优先。三是应变要灵活，遇到新的问题时，及时调整策略，继续快速推进进程。

一封开战信的震慑力

建安十三年（208 年）十月，在占据了江陵之后，曹操留大将曹仁在江陵防守，他则亲自带大军顺江一路东下，兵锋直指孙权所在的东吴。

在曹操未发兵之前，刘备已经感受到了来自曹军的巨大压力，当阳长坂一战，让他对曹操产生了巨大的心理阴影，心有余悸的他，在和鲁肃初步建立孙刘联合的构想后没几天，就派诸葛亮跟随鲁肃一起，前往柴桑（今江西九江一带）和孙权相见。

刘备深知孙刘联合的必要性和紧迫性，这一次他让诸葛亮全权代表自己和孙权面谈，商定双方合作的具体事宜，双方早达成合作一天，他忐忑不安的心就能早落进肚子里一天。

诸葛亮在柴桑见到孙权之后，直接开门见山地劝说孙权早日达成孙刘联合的盟约，并付诸实际行动，要知道现在曹操正锋芒毕露，攻占荆州，威震天下，接下来他就会全力对付刘备和孙权，因此一定要早做决断，不等曹军来攻，主动筹划应对谋略，化被动为主动。

孙权询问两家同盟的理由，诸葛亮逐条为他分析，说刘备虽然前不久在长坂战败，但手下还有两万兵力可供使用；曹操一方虽然兵力雄厚，但是手下大多数为北方士兵，不习水战，这和东吴强大的水军不具有可比性，孙刘联合并非没有一战之力；再者曹操新近刚刚占领了荆州，荆州是刘表多年经营的地盘，刘备在那里几年也颇具影响力，因而曹操空有占有荆州之虚名，根基不稳，放眼长远，曹操一方很难在荆州长久地立足，正所谓"强弩之末势不能穿鲁缟"，曹军潜藏的力量快要用尽了，这也是有益于双方展开真诚联合的有利条件。

虽然诸葛亮分析得头头是道，逻辑严密，很有说服力，不过孙权并没有将双方的联合真正地放在心上，他犹犹豫豫地没有直接表态，反而让手下的文武大臣各抒己见，谈一谈两家结盟的可能性和可行性。

关键时刻，曹操来了一次"神助攻"。他在率大军出发时，写了一封信送给孙权，信中曹操直言不讳地告诉孙权，说"近者奉辞伐罪，旌麾南指，刘琮束手。今治水军八十万众，方与将军会猎于吴"。

无疑，曹操在这里赤裸裸地威胁孙权，说我的这次军事行动是空前大规模的，咱们双方要么血战一番，孙将军好好掂量一下，打不过就要像刘琮一样早点举白旗投降，反正我是有信心取得这场战争的胜利。

孙权看完曹操的来信后，也不由得倒吸了一口凉气，随后他将这封信传给手下的文武大臣们观看，大多数人看了之后都不由得惊出一身冷汗，纷纷劝说孙权干脆放弃算了，曹军锐不可当，不如早早投降为好。

在这些人中，以长史张昭等人为典型代表，张昭劝说孙权，说曹军的虎狼之师难以抵抗，再说他每一次军事行动，都是打着皇帝的名号行动，名正言顺，无可挑剔，如果我们选择抵抗，就显得有点以下犯上了。进一步讲，虽然我们有长江之险，但曹操新近收编了荆州的水军，缴获战船无数，如果真的激怒了对方，后果不是我们所能承受的。

尽管以张昭为首的"投降派"占据了大多数，然而鲁肃和周瑜二人则有自己的看法，他们力主联合刘备迎战曹军。先是鲁肃慷慨陈词，说曹操来了他可以投降，甚至能够被曹操加官晋爵，只是孙权不能投降，一旦失去了江东，孙权将无立锥之地，希望孙权三思而后行。

周瑜的态度更为坚决，他详细为孙权分析了曹军存在的种种劣势，天气渐冷加上不服水土等各种因素，注定曹操有败无胜，假如孙权下定决心和曹军死磕到底，他周瑜愿意鞍马驱驰，为孙权和东吴的未来肝脑涂地。

实际上，孙权自己也早有了决断，正如鲁肃一针见血指出的那样，雄霸东吴的他投降了曹操就意味着他的东吴大业一切归零，之前他迟迟不下定决心，是因为曹操还未露出狰狞的獠牙，现在曹操的来信已经将双方置于你死我活的地步，身为东吴之主，无论胜败，他唯有死战到底。

早已拿定主意的孙权之所以迟迟没有表态，恰恰正是他的高明之处，通过部属之间的激烈争论，达到统一思想、形成强大凝聚力的目的，当鲁肃、周瑜这些主战派相继发表意见之后，孙权也终于一锤定音：联刘抗曹，和曹贼血战到底。

诸葛亮

（181—234 年），字孔明，号卧龙，琅琊阳都（今山东沂南）人，三国时期蜀汉政治家、军事家、文学家。辅佐刘备形成三足鼎立之势。曾多次北伐，最终未能兴复汉室。于建兴十二年（234 年）病逝，后被追谥为忠武侯。

唇亡齿寒，合作才能共赢

曹操大军意图攻打东吴，顺带灭掉刘备，按照当时的形势来看，单凭孙权或刘备任何一方单独的力量，都不是曹操的对手，他们只有接受失败或举手投降两条路可以选择。然而一旦刘备和孙权联合起来共同抗敌，力量将大大增强，胜算将非常大，这也是"唇亡齿寒"道理的体现，精诚合作才能实现共赢的目的。

刘备主动和孙权联合的事例告诉我们，在充满竞争的社会中，合作是取得成功的重要基础，而想要做到团结合作，就要做到以下几点。

其一，应当树立合作意识，在合作中寻找发展的机会。其二，加强沟通交流工作，让合作的双方形成共识。其三，懂得资源共享，让合作的双方都能从中受益，而不是一方独霸利益，这样才能让合作长长久久。

统一思想，让团队更有凝聚力

对于如何应对曹操发兵攻打的问题，孙权其实早有主张，他只能选择死战到底，决不投降，但他也深深知道手下的文臣武将思想上暂时很难统一，因此就暂且不表态，而是放手让手下展开热烈的大讨论，通过讨论取得了共识，从而起到了很好地凝聚团队力量的效果。

团队管理中，凝聚力、向心力是根本，否则团队将如同一盘散沙，所以在日常管理工作中，领导者应将重心放在激发团队凝聚力的核心工作上。

首先，要积极主动地和团队成员之间多多沟通，认真听取他们的意见建议。其次，要营造畅所欲言的沟通氛围，让大家敢于表达内心真实的想法。最后，要在统一思想的基础上达成目标共识，以目标为导向，激励团队成员为完成目标任务而努力。

急于求成要不得

　　建安十三年（208 年）十月，当曹操、刘备、孙权都先后亮明了态度之后，一个影响着历史进程的拐点到来了。

　　当曹操坐在船头顺流直下时，时年五十四岁的他踌躇满志，信心满满，回望近几年南征北战的历程，尤其是经历绝地求生的官渡之战的险胜之后，人生之路仿佛开挂了一般顺畅无比，灭袁氏集团，破乌桓铁骑，几乎兵不血刃攻占荆州，一路顺风顺水走来，每一次胜利所带来的喜悦，无形中极大地助长了曹操狂妄的性情。这时的他确实有点飘飘然了，骄傲轻敌，自大自负，这种急躁冒进、急于求成的心态，深深影响了曹操对当前时局的准确判断。

　　早在曹操表明决定趁势荡平荆州的态度之初，身边的谋士贾诩就隐晦地提出了不同的看法，他认为现在不是征伐江东的最佳时机，并指出其中的原因：

　　一是荆州刚刚被占领不久，百姓一时难以适应这种转变，因此当前工作的重心是要大力做好安抚和人才重建工作，各个地方的官吏也要及早换上自己的人马，在充分"消化"之后彻底将荆州牢牢地控制在己方的手中。

二是要做好军队的训练工作，曹操的主力部队还远在新野一带，新收编的荆州队伍良莠不齐，战斗力低下，如果要攻打江东，这些人在关键时刻并不能起到实质性的作用。

三是江东孙权尚有一战之力，从孙坚、孙策到孙权，父兄三人在这里经营日久，尤其是孙权，他绝非刘表，更不是刘琮，打江东可以预见的肯定是一场恶仗，在没有全面做好准备工作之前，能不轻举妄动就尽量按兵不动。

贾诩指出的这几点都是曹操没有认真执行和充分考虑过的。就拿荆州各地的官员来说，曹操缺乏时间和精力来进行一个全面替换，所以后来当他赤壁之战战败后，这些地方官员反戈一击，大多数都改换了门庭，投靠到了刘备的手下。根基未稳就轻举妄动，这是兵家之大忌。

贾诩的这些建议实际上和先前郭嘉的看法不谋而合。在整个汉末三国时期，论智谋和眼光，至少在曹魏集团这边，郭嘉的智谋水平是超一流的，自从他跟随了曹操之后，为曹操操持谋划，算无遗策，是曹操东征西讨开展军事行动的核心智囊人物，可惜的是，在公元207年曹操征战乌桓时，郭嘉一病不起撒手西去。

郭嘉生前多次建议曹操及早平定荆州，但是在如何对付江东孙权的问题上，郭嘉一直没有一个明确的态度，这说明这位具有大智慧的谋略之士，也认为在目前的情况下不适宜和孙权过早地动手翻脸，只有等到时机全面成熟后才可以发起大规模的进攻，以求一击必中。

大多数时候，曹操处事谨慎，在做一件大事之前，反复盘算衡量，只有确认把握比较大的时候才会出手，时机不成熟就会隐忍等待。这一次情况却有所不同，一方面，自然和他刚刚占有了荆州有关，一块硕大的肥肉轻而易举地被收入囊中，巨大的胜利喜悦冲昏了他的头脑，当膨胀的欲望在他的内心生根发芽，那么无论是外人恳切的忠告，还是自我对时局、形势的判断，都会出现严重的偏差与失误，他认为江东就是荆州的另一个翻版，大军所向，对手必定举旗投降。

另一方面，和这十余年来的军事行动太过顺利有关，当年官渡之战对阵袁绍，是曹操一生中少有的困难时刻，即使如此，沉住气的他依旧取得了以少胜多的辉煌战果，之后曹操一路高歌猛进，他眼中需要征讨的目标都在他的谈笑之间灰飞烟灭，所以尽管眼下已经快到隆冬季节，手下的士兵又大多不善水战，荆州的胜利果实还没来得及彻底消化，求胜心切的曹操仍然将贾诩的劝告抛之脑后，执意挥旗兵指江东，妄图一战定乾坤，成就他一统华夏的终极梦想，然而，接下来的战局证明，曹操终将为自己的自负和轻敌付出沉痛的代价。

> **贾诩**
>
> （147—223 年），字文和，武威姑臧人，东汉末年三国时期军事战略家，曹魏开国功臣。

做事切忌急于求成，稳扎稳打才是取胜之道

曹操统一了北方后，渴望统一华夏的雄心壮志占据了他的整个心胸。他一统天下的心情可以理解，但也要面对现实，详细分析敌我双方的态势和实力，唯有如此，才能在循序渐进的基础上实现人生的理想抱负。在征讨孙权、刘备时，性急的曹操犯了急于求成的错误，失败已然不可避免。

实际工作中，我们一定要戒除急于求成的心理，在巨大的利益诱惑面前，首先要调整自我的认知，认识到事物发展的规律，要知道成功绝非一蹴而就，需要全面的积累。其次要合理设定目标，将大目标细化分解，确保每一个目标都是切实可行的。最后要注重落实，一步一步逐一完成，实现"积小胜为大胜"的目标追求。

失败往往是自负自大导致的

在赤壁之战前，曹操犯了两大致命的错误，一是太过急于求成，恨不得一口吃成一个胖子。二是自负轻敌，骄傲自大，认为曹军所向披靡，无往不胜。这两种心理导致曹操对时局和对手做出了误判，轻率的他在不合宜的时间里发动了一场没有胜算的战争，最终导致一败涂地。

自负、自大是人生前进路途上最大的"绊脚石"，多少人因自负自大而付出了惨重的代价，想要克服这一负面行为，我们需要做到以下几点。

一是多去审视自我，了解自己的优缺点，认识自身的缺陷所在。二是要懂得倾听，耐心听取身边人合理的建议，在分析吸纳他人建议的基础上寻找解决问题的最优方案。三是要多角度思考，充分考虑各种不利因素，避免独断行为的发生。

大江东去，怀恨赤壁

孙权下定了决心和曹操对抗，当下调兵遣将，在短时间内征调了三万精锐的将士，以周瑜、程普为正副都督，鲁肃为赞军校尉，协助周瑜的军事行动。

刘备在樊口驻军，孙刘联盟正式组建后，刘备每天都望眼欲穿，期盼着能够早日看到孙权派来的部队。没几天，周瑜领着大部队来到了樊口，刘备和他相见后，得知周瑜仅仅带来了三万士兵，脸上不由得露出了些许失望的表情，毕竟自己只有两万多人，加上周瑜带来的，全部加起来才不过五万余人，和号称统领数十万精兵的曹操相比，双方的实力实在有些悬殊。

好在刘备会安慰自己，有总比没有强，周瑜带来的水军都是训练有素的精锐，只要双方齐心合力，众志成城，也许会有奇迹的出现。

当下两军会合后，于当年十二月一起溯江西上，很快便在赤壁北侧的长江江面上和曹操的大军相遇，当即就短兵相接。战在一处，初战以曹操大败结束。

曹军初战失利，原因有二：一是曹操新编练的水军和收编的荆州水军配合不协调，发挥不出战斗力；二是曹军突然爆发大规模的瘟疫，士兵的战斗力下降，斗志消沉，曹操一看只得暂避锋芒，下令将战船停靠到北岸乌林一侧，和自己的陆军会合，而周瑜退守到南岸赤壁一侧，双方隔江形成南北对峙态势。

对于曹操而言，初战失利损失并不是很大，在兵员数量上，曹军处于压倒性的优势地位，唯一不足的地方就是大多数士卒很少乘坐战船，一上船就左右摇晃，站立不稳，无奈之下，曹操只得下令让战船相互靠近，呈"首尾相接"之势，这样战船的稳固性就得到极大提高，人和马走在上面稳当多了。曹操不知道的是，他的这一举措，将会为自己的失败埋下伏笔。

老将黄盖看到曹操的战船都靠在了一起，突然灵机一动，他向周瑜建议最好采用火攻的计谋。为了确保这一计谋能够顺利实施，黄盖还自告奋勇，由自己假意投降曹操，以换取曹操的信任。

周瑜大喜，同意了黄盖这一冒险举措，随后黄盖给曹操写信，述说自己在孙权阵营所受的委屈，同时还认为孙权必败无疑，因此表态要"弃暗投明"，归降曹操。曹操正值用人之际，求胜心切，没有太多的怀疑，完全相信了黄盖的说辞，双方还约定了投降的具体事宜。

恰巧这时东南风起，机不可失，黄盖带领十艘快船，船上装满了干柴枯草，上面全部淋上油，用布蒙好，一路向乌林北岸驶来，周瑜自己则亲率主力战船远远尾随在后。

船至江中，黄盖下令张帆疾驰，猛然间加快了速度，当小船到了曹军二里远近的时候，黄盖指挥手下点燃船上的可燃物，随即跳上提前预备的小舟，任由火船在东南风的吹动下驶向曹军水寨。

风助火势，火因风急，江面上顿时烈焰张天，曹军来不及做出反应，眼睁睁地看着十艘火船冲撞到己方战船附近，顷刻间大多数战船便陷入一片火海之中，连带岸上的营寨也被引燃，岸上、江面都被浓烟笼罩，曹军乱成一团。

雪上加霜的是，紧随其后的周瑜、刘备也杀到眼前，指挥大军上岸冲杀，曹军斗志霎时间崩溃，被杀、被烧以及被淹死者不计其数。

在一片混乱中，曹操只得勉强带领一部分残兵败将杀出一条生路落荒而逃，在逃亡路上，因为惊慌和大雾的双重缘故，在云梦泽附近辨不清方向，后来从华容道撤退时，因道路泥泞且狭小，争相逃命的士兵又自相踩踏，伤亡惨重，最终在九死一生后才撤退到了江陵。

在江陵稍作休整后，已成惊弓之鸟的曹操再次北撤。曹操主力一走，荆州大部分地盘在短时间内都被刘备、孙权占有，曹操仅仅保住了襄阳、樊城少部分地盘，他轻取荆州的辉煌战果因赤壁之战的惨败而化为乌有，更让他彻底失去了在短时间内一统华夏的可能性。实力不断壮大的刘备和孙权，最终形成了和曹魏集团分庭抗礼之势，三国鼎立的态势因赤壁一战而形成雏形。

善于发现并利用对方的弱点

赤壁之战正式拉开帷幕后，从军事实力上看，曹军占据着巨大的优势，孙刘联军处于劣势地位。然而，貌似强大的曹军并未吓倒孙刘两方，他们仔细分析，发现曹军不善水战，同时又有战船相接的不明智做法，找到了对方的薄弱点后，孙刘联军果断采取火攻的计谋，一举将曹军击溃。

发现并能利用对方的弱点是一种大智慧。在竞争或对抗中，如果善于发现对方的弱点，就能利用对方的弱点采取有效措施。具体而言，需要做到以下两点。

首先，要善于观察，通过分析梳理找到对方薄弱的地方。其次，要充分发挥自身的长处，将主要矛头对准对方薄弱之处，以己之长，攻彼之短；当竞争对手有所察觉时，也不妨采取迷惑对手的战术，出其不意，攻其不备。

做大事要有详细的战略规划

赤壁之战，是中国历史上又一次以少胜多的经典战役，在这场战役中，和骄傲自负的曹操相比，孙权和刘备却一直小心翼翼，每走一步都经过精心的推演。为了一击必中，孙刘联军制定了切实可行的详细战略规划，从兵力部署、地形利用、作战时机以及气候条件等方面，都做了细致周到的规定，这才一战立威，奠定了汉末"三分天下"的态势。

行军打仗离不开详细的战略规划，企业管理同样如此，只有做到详细规划，才有可能实现目标。

具体而言，在制定企业发展规划时，一要综合考虑企业在行业内的地位、资源、发展趋势等要素，明确企业发展的大方向。二要做好内外分析工作，包括对宏观环境、竞争对手、自身能力等方面的分析。三要制定企业成长目标、竞争战略等核心内容，稳扎稳打，逐步实现目标。

湖北赤壁市三国赤壁古战场

失败之后要懂得复盘

赤壁一场大火，将曹操的宏伟蓝图烧得一干二净，数十万将士也死伤大半，相信一路落魄返回北方的曹操，一定是满心的遗憾、悔恨和不甘。

在赤壁之战的短短一年多的时间里，曹操的地盘一直在"缩水"，江陵以及江陵以东的大片土地被孙权占有。在孙权的调度下，周瑜出任南郡太守，江夏太守则由程普担任，彭泽太守的人选是吕范，浔阳县令由吕蒙出任，这几个得力的手下相互配合，构建了一道从江陵到九江一线的坚固防线，全面地保证了江东的战略安全，较好地解除了曹操的直面威胁，孙权在长江中下游的地盘得到了进一步的巩固，并有余力将东吴的影响力向岭南一带扩展。

这一次孙刘联合全力出击，一场大胜也让刘备分享到了胜利的果实，也可以说，刘备是其中最大的赢家。首先，在他的推荐下，刘琦出任荆州刺史的职位，刘琦死后，刘备自领荆州牧一职。其次，在赤壁之战前，刘备几乎没有什么能安身立命的地盘，从吕布到曹操，直到后来的刘表，大半生刘备都靠着依附他人而生存，仰人鼻息，颠沛流离，而这次大胜，刘备趁机派兵攻占了长沙、武陵、桂阳、零陵四郡，不久后还从孙权手中借来南郡，获得了一大片富饶之地，有了立足之地，使得他有能力将手伸向盘踞在益州的刘璋，为最终占有益州铺垫了良好的基础。

这一仗，唯一的输家是曹操，可谓是一败涂地，若不是他根基深厚，在北方经营日久，差一点就全面崩盘。

对于这次战败，事后曹操也充分从中汲取沉痛的经验教训。导致他惨败的原因有这样几个。

其一，占领荆州后骄傲自大，欲望膨胀，以前的虚心纳谏不见了，取而代之的是刚愎自用。在发动战争之前，对于谋士们的忠告置之不理，一意孤行，终至惨败。当时贾诩劝说他头脑冷静一些，但凡曹操能听得进去一言半语，结果就可能大为不同。

其二，急于求成，忘记了稳扎稳打的战术素养。轻轻松松拿下荆州，确实让曹操的心态发生了急剧的变化，他想趁着荆州胜利的余威一举平定江东，进而一统中国。其实在占有了荆州之后，曹操最应该做的是巩固手中的地盘，等荆州经营稳固了再徐徐东进，即使打不下江东，也不至于败得这么彻底。

其三，不能以彼之短，攻敌之长。曹操的精锐是陆军，水军是他的弱项，想要和擅长水战的孙权作战，一定要有一支能征善战的水师，而水师的培养训练不是一朝一夕就能完成的，倘若他在收编了荆州的水师后能够加以整顿磨合，就不会出现在赤壁之战中让己方战船首尾相接的重大战术失误，也不至于给了周瑜、刘备可乘之机。

其四，在撤退到江陵的时候，在当时军心不稳的情况下，身为三军统帅，曹操最应当做的是驻守江陵，将自己的陆战精锐从后方调过来，和孙权、刘备打一场持久战。凭借他在陆地上的优势，在守住江陵的基础上进而稳住整个荆州地盘是大有可能的，然而因惨败而心慌意乱的他，竟然第一时间选择后撤，只留下曹仁、徐晃等人驻守。兵员少，斗志弱，加上孙、刘两方又是倾力攻打，最终失去了江陵这一战略支点，曹军不得不一退再退，勉强守住了襄樊防线，至此曹操在荆州的既有优势全部丧失，他一统中国的梦想也因此戛然而止。

曹仁
（168—223年），字子孝，沛国谯县（今安徽亳州）人，三国时期曹魏名将，陈穆侯曹炽之子，魏武帝曹操从弟。谥号忠侯，配享魏武帝曹操的太庙。

步步为营，持续不断地扩大优势

赤壁之战前，刘备和孙权都缺乏和曹操一争长短的实力，但一场大战却改变了天下的战略态势，刘备从几乎没有立锥之地的落魄中解脱出来，一步步蚕食经营，在较短的时间内迅速占领了荆州的一部分土地。而东吴的孙权也同样如此，他的领土得以不断地扩充，实力大增。

个人的生活和工作也是同样的情况，想要持续不断地提升自我，扩大职场优势，最重要的是清晰地了解自己的优势所在，比如个人的知识积累程度、丰富的职场经验以及别具一格的创新思维等，了解自己的优势不是为了自高自大，而是要在以后的学习培训中不断地强化和进一步提升这些优势，以增强自身的竞争力。

明确了优势之后，还应全面利用自身的优势投入实际工作，通过优势来创造出更大的价值和机会，以确保自己在竞争中始终处于领先的地位。

胜不骄，败不馁，总结反思很重要

赤壁之战，曹操遭遇了人生最为惨重的一次失败，损兵折将，元气大伤，统一天下的梦想也几乎完全破灭。但难能可贵的是，曹操能够从失败的阴影中迅速解脱出来，冷静下来，不断地反思总结，找出导致失败的各种原因，这为他重整旗鼓奠定了坚实的思想基础。

失败不可怕，可怕的是不知道从中汲取宝贵的经验教训，如果能够从反思总结中梳理出致败的因素，会让我们在以后的人生道路上更加从容坚定。因此，客观冷静地分析失败的原因，查漏补缺，改进不足，就显得尤为重要。

当然，找出了失败的原因后，还要针对未完成的目标制订新的工作计划，让步骤和方向更清晰明确。计划制订完善之后，重在落实，只有积极行动，付诸实践，才能不断地获得进步。

第六章

鼎足而立：
三分天下，而有其二

败马超、退孙权、收张鲁，一解襄樊之困，三分天下，鼎足而立。

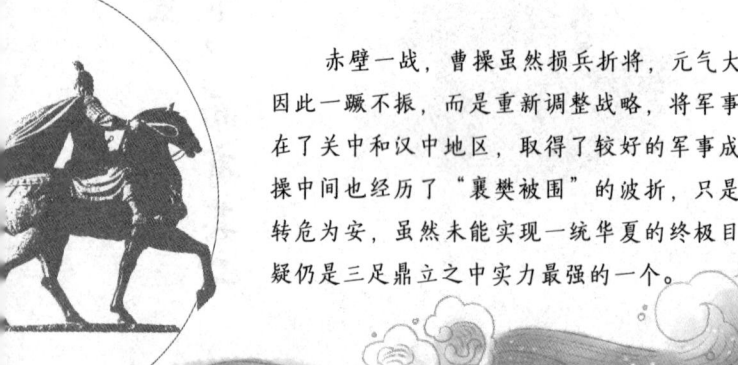

　　赤壁一战，曹操虽然损兵折将，元气大伤，但他并未因此一蹶不振，而是重新调整战略，将军事进攻的目标放在了关中和汉中地区，取得了较好的军事成果。当然，曹操中间也经历了"襄樊被围"的波折，只是在巧妙化解下转危为安，虽然未能实现一统华夏的终极目标，但曹操无疑仍是三足鼎立之中实力最强的一个。

巧用离间计

赤壁一战，曹操损失惨重，几乎丢了半个家底。但曹操并没有因此而一蹶不振，作为一代枭雄人物，曹操很快从沮丧和内疚中解脱出来，迅速重整旗鼓，这一次，他将攻伐的目标放在了夺取关中上面。

当时的关中是一片分裂割据的态势，其中有两个较为强大的地方实力派，一个是马超，另一个是韩遂。

马超是军阀马腾的儿子，曹操曾多次向马超示好，许给他高官厚禄，马超一概置之不理。后来曹操改换手段，以献帝的名义宣召马腾进京担任卫尉的职务，马腾进京后，他手下的部队便由马超接管。

韩遂和马超一样，也是汉末群雄的代表人物。青年时期的韩遂英勇盖世，有着极强的个人魅力，他从凉州造反起家，一度拥兵十余万，割据一方，成为凉州地区极具实力的大军阀。

一开始，韩遂和马腾的关系非常不错，为了对抗朝廷，两人还曾结拜过，是同生共死的结义兄弟。但一山难容二虎，后来因为利益上的争夺，两人之间的关系出现了裂痕，一度大打出手。大概是经济落后的凉州很难供养这两个大军阀手下的军队，他们打着打着，一起来到了相对比较富饶的关中地区，在这里称王称霸。

其间在曹操手下钟繇的劝说下，马腾觉得归附曹操是最好的出路，因此主动接受曹操的任命，来到许都为官。等到马腾走后，为了共同对付曹操，顾全大局，尽管马超实力比韩遂强大，但他还是让韩遂担任了"反曹联盟"领头人的角色，自己屈居副手，他们表面上看似臣服于朝廷，实则暗生异志，一直以割据关中为目标。曹操对此心知肚明，赤壁之战后重新燃起斗志的曹操，决定拿马超和韩遂开刀，一举平定关陇之地。

为了师出有名，曹操想到了一个办法，他派钟繇打着讨伐张鲁的名义出兵。张鲁地处汉中，这样一来，马超、韩遂就会产生强烈的危机，当即领兵举旗造反，据守潼关防备曹军的进攻，曹操由此拿到了讨伐马超、韩遂的借口。

随即曹操领兵出征，从潼关向北渡过黄河。根据《三国志·许褚传》记载，在大军渡河的时候，曹操主动要求断后，让大军先行渡河。当曹操渡河时，马超领着骑兵赶到，下令射箭袭击，曹军遭遇了马超一方的乱箭，密如雨点的长箭使得跟随曹操的少部分士兵无法招架，曹操本人暴露在箭雨之中，乘坐的船只也几乎快要倾覆了，幸亏身边的大将许褚拼死护卫，曹操才得以毫发无损。

另一边，为了摆脱马超的追击，危急关头，校尉丁斐放出曹营的牛马等物资，引诱马超的部队来抢，这才护着曹操顺利渡过黄河。安全登岸后，曹操自嘲地笑着说："今日几为小贼所困乎！"

渡过黄河后，曹操下令加快行军速度，很快他就领着大部队沿着黄河西岸来到了渭水的北岸。曹操采取迂回战术，不仅轻松地击溃马超的进攻，还逼得马超他们不得不舍弃潼关天险，转而在渭河渡口重新构筑防御工事。

接下来，曹操巧妙地借助寒冷的天气，通过堆沙浇水的方式冻结成结实的营垒，以此步步为营，轻而易举地渡过渭水，在渭南地区安营扎寨。随着战局的发展，兵贵神速的曹军在短时间内就扭转了战局，掌握了战场的主动权，和马超形成对峙状态。

马超想要速战速决，多次派人前来曹营挑衅，曹操就一个原则：视而不见，闭门不出，以求稳为第一。时间长了，马超渐渐地坐不住了，他只得硬着头皮派使者面见曹操，请求割地求和。为了表示诚意，马超还许诺只要曹操退兵，他愿意将自己的儿子送到许都充当人质。

面对马超的示弱，曹操犹豫不决，他找来谋士贾诩询问该如何处置。贾诩听了事情的经过后，点着头笑着表示，这个时候不妨采用离间计，以瓦解马超和韩遂的军事同盟关系。

曹操闻言大喜，依计而行，他表面上答应了马超的求和请求，要求双方展开具体的谈判细节。韩遂作为关中联军的代表前来面见曹操，在两军阵前，曹操上前亲热地和韩遂打招呼，以前两人就是旧相识，这一次战场上相见，曹操故作亲近，拉着韩遂说个不停，东拉西扯了一大堆，就是不肯谈正事。

大半天过去后，曹操才结束谈话，微笑着目送韩遂回营。在远处焦急等待的马超迫切地想要知道两人会谈的内容，看到韩遂回来，急忙询问他们谈话的细节，因为曹操确实没有和韩遂就停战问题交谈过，韩遂也只能表示他和曹操只是随便聊了一会，没有更多有用的信息告知，韩遂的态度令马超心生疑虑。

过了几天，曹操派人给韩遂送来了一封信，事先曹操在信上随意涂抹修改，好似要隐瞒什么关键的信息一样，不知内情的马超看到后，还以为韩遂和曹操之间有什么见不得人的交易，心里对韩遂更加不满了。

曹操得知消息后内心窃喜，他知道这一次采用的离间计发挥出了强大的杀伤力。做事果断的曹操抓住关中联军内部离心离德的有利时机，出动大军向对方发起强大的攻势，很快就大败马超、韩遂，取得了辉煌的胜利。

在曹军基本上掌控了绝对的优势局面后，河间（今河北献县一带）爆发了农民起义，担心后方有失的曹操班师回朝，留下夏侯渊、朱灵在长安镇守，负责肃清马超等人的残余势力。

在曹操的遥控指挥下，夏侯渊多次领兵出击，关中联军接连遭受到沉重打击，已经很难成气候了，马超、韩遂只得退往陇西，关中地区基本上得到了全面的平定。

其间马超曾一度东山再起，占领了陇西地方上的许多州县，但这只是昙花一现罢了。建安十九年（214年）春，马超又和张郃、夏侯渊大打出手，最终不敌。在当年秋天，走投无路的马超只得归附了刘备。马超的到来，为刘备顺利夺取益州增添了关键性的力量，最后刘备之所以能顺利拿下刘璋的地盘，和马超在这一地区强大的威望和影响力密不可分。

马超

(176—222年)，字孟起，扶风茂陵（今陕西兴平）人，汉末卫尉马腾之子，东汉末年蜀汉开国名将，官至骠骑将军、斄乡侯、凉州牧，汉末群雄之一。追谥威侯。因其白袍银甲装束，在民间文化中有"锦马超"的绰号。

敲山震虎，让对方自乱阵脚

马超、韩遂作为关中地区实力强大的割据军阀，是曹操的心腹之患。为了铲除这一威胁他的势力，师出无名的曹操采取了手下的建议，他打着征讨张鲁的名号，让马超等人风声鹤唳，迅速集结兵马和朝廷对抗，这招"敲山震虎"之策，果然让曹操找到了出兵的合理借口。

敲山震虎，在实际工作中也可以灵活运用，比如在商战中，我们要找出竞争对手的弱点，然后选择合适的手段，如发布新的研发计划、媒体舆论宣传、扩大市场份额等，充分展示己方的实力，让对方阵脚大乱，达到震慑对手的目的。

巧用离间计，从内部瓦解对手

在曹操大军到来之前，马超和韩遂出于共同抵抗曹军的目的，结成了军事同盟。强强联合，是曹操最不愿意看到的局面，很快他就找到了制敌之策，巧妙地用离间计使马超和韩遂决裂，削弱了对手的实力，进而轻松地解决了关中地区的隐患。

离间计是一种高超的心理战术，在遇到强硬的对手时，为了让谋略取得良好的成效，不妨尝试这种方式。

　　一方面，深入地去了解对手内部潜在的矛盾分歧点，然后利用媒介宣传等方式，从舆论上让对手的内部矛盾公开化、扩大化，从而达到分化拉拢的目的。

　　另一方面，当对方内部矛盾达到冲突顶峰时，要第一时间出手，不给对方喘息缓解的时机，趁热打铁给对手以重击。

强者懂得敬畏对手

　　曹操在平定关陇地区的前后，也和东吴的孙权爆发了大规模的军事冲突。

　　赤壁之战，曹操损兵折将，狼狈不堪地逃回北方，还没等他来得及好好喘口气，淮南地区军情突变，前线的战报传来，说是东吴孙权为了扩大战果，亲率十万大军向合肥杀来，孙权的手下张昭也是杀气腾腾，带领一支精锐部队一路打到了安徽的当涂一线。

　　接到前线的战报，曹操顿时头都大了几圈，一向从容镇定的他，也不由得惊出一身冷汗。曹操之所以阵脚大乱，一是因为合肥一线实在是太重要了，一旦合肥不保，连带会丢失整个淮南。淮南不受控制，那么兖州、徐州将直接从大后方变成最前线，直面承受来自东吴的武力威胁。

　　二是因为赤壁惨败，曹操麾下有战斗力的部队已经不多了，几乎处于无兵可派的地步。这从他第一时间让将领张喜领一千骑兵赶往合肥就可以看出，巧妇难为无米之炊，一千骑兵是曹操当下能调动的最大兵力，而孙权那边是十万大军，强弱对比高下立分，按照这样的趋势，合肥大概率会被孙权占领。

关键时刻，一个名叫蒋济的人挺身而出，力挽狂澜，帮了曹操一个大忙，不等张喜的援军赶来，孙权竟然主动撤兵了，这又是怎么回事呢？

蒋济当时担任扬州别驾一职，当孙权大兵压境时，扬州刺史顿时慌了手脚，蒋济在简单思索了一番后，不慌不忙地告诉刺史大人不要自乱阵脚，他这里有一个锦囊妙计。计策分两步走，第一步让刺史派出使者前去迎接张喜，让张喜故意做出大张旗鼓的样子，最好能让他带领的一千骑兵看起来像成千上万骑兵，以此来迷惑敌人。

第二步，刺史继续分批派出三路使者，让他们直奔合肥城，一进城就高调通告，说是曹操已经做好了增援的准备，他会亲自率四万精锐赶来增援，只要大家再咬牙坚持一段时间，一切可迎刃而解。

扬州刺史没有其他更好的办法，就按照蒋济的计谋安排下去，他派出的第一路使者顺利地进入了合肥城，当城内军民人等得知曹操即将赶来增援，顿时民心、军心安定了下来。按照蒋济的预测，第二路使者果然被孙权的手下捉拿，孙权从使者身上搜出扬州刺史写给合肥守将的信件，再看到合肥城旗帜鲜明，守军一个个信心十足的样子，当下真以为曹操的大军马上就要到了，既然短时间内无法拿下合肥，孙权也不想多费工夫，主动撤围而去。

直到三个月后，从赤壁之战中恢复元气的曹操，这才领着大军姗姗而来。他早就听到了蒋济巧退东吴大军的事，对蒋济赞不绝口，感谢他在危急时刻临危不惧，帮了他一个大忙。

大军来到合肥前线后，曹操任命谋士温恢出任扬州刺史一职，蒋济为副手，专门布置淮南的军事防御工作。在此期间，发生了一点小小的变故，一个名叫雷绪的人起兵攻打庐江郡，安徽霍山和六安等地也爆发了叛乱，曹操闻讯，下令让张辽、于禁等人领兵平叛。

在张辽的得力指挥下，曹军克服各种困难，一步步荡平这些反叛力量。这一变故也让曹操更加注重合肥的军事防御力量，为了确保合肥万无一失，张辽、李典、乐进领七千精锐进驻合肥，以应对孙权的军事威胁。

建安十七年（212年），曹操在初步平定了关中地区，腾出手来之后，想起了当年孙权围攻合肥的凶险，决定主动向东吴发起攻势。

在开战之前，和前番赤壁之战前一样，喜欢写信的曹操给孙权去了一封信，信中满是威胁和恐吓，说你们东吴别以为有长江天险就令朝廷无可奈何，只要我出动大军，到时小小的江东能不能守住还真是一个问题，所以我希望你们能够看清楚眼下的形势，及早归顺为好。

孙权也习惯了曹操的这种威胁，和上一次赤壁之战不同的是，见过了大风大浪的他，随手便把曹操的信件丢在了一边，他决定采取以静制动的方针，倒要看一看曹操这一次能闹出一个什么样的动静来。

第二年春天，在经过一番精心准备后，曹操出动数十万大军一路来到了安徽无为县境内，在曹操的指挥下，孙权布置在长江西面的营寨被曹军一举攻破，接到前线惨败的消息，孙权亲率七万大军来到前线，和曹操形成对垒的态势。

这一天，为了能够靠近观察曹军大营的布置情况，孙权自己坐着战船游走在江面之上。曹操见到孙权的船后，下令手下放箭，一时间密集的箭雨铺天盖地而来，孙权所乘坐的船一侧顿时布满了箭矢，由于箭矢太多了，船身向受箭的一侧倾斜，孙权看了，不慌不忙令手下将船调转方向，这样船两侧受箭情况均匀，行驶恢复平稳，从容离去。

又过了不久，孙权再次乘坐战船靠近观察。曹操的手下见状，纷纷张弓搭箭，曹操急忙阻止大家的动作，摆出一副让孙权随便看的架势。孙权看够了掉转船头，一面奏乐，一面镇定地扬长而去。

曹操站在远处看到孙权这边军容整齐，将士们盔甲鲜亮，不由得心生感慨，对身边的人们说道："孙权确实了不起，如果生儿子就应当生一个像孙仲谋这样的。"

就这样，势均力敌的双方，谁也不愿主动发起攻击，足足对峙了一个多月的时间，最后还是孙权先给曹操写信，说曹军来这里时间不短了，也没有什么有效的战果，不如早一点回去为好。

在另一张纸上，孙权还写下"足下不死，孤不得安"的话语，惺惺相惜之态跃然纸面，曹操看了也是不住地点头，他也知道再在这里和对方僵持下去毫无意义，于是下令撤兵。

示假隐真，出奇制胜

孙权亲率大军发起对曹操的进攻，重兵包围了合肥。刚刚经历了赤壁之战失败的曹操，手上兵力不够，有心无力，局面万分紧急，幸运的是，危急时刻蒋济挺身而出，他采用了"示假隐真"的疑兵之计，让孙权变得疑神疑鬼起来。弄不清虚实的孙权只得引兵撤退，一场危机就这样被蒋济轻松化解。

示假隐真，也是一种巧妙的心理战术，其重点是制造出逼真的假象，比如利用舆论引导、虚实结合的手段、故布疑阵的谋略等，制造各种假象，让对手的心理处于不确定的观望状态，不敢轻举妄动。

示假隐真，除了行为要逼真，装出一副煞有介事的样子，关键还要掌握好火候和尺度，火候太小不起作用，太大则容易露出马脚，这需要人们在实施的过程中做到冷静自持，见机行事，让误导策略收到实效。

将强大的对手当作自己的一面镜子

曹操再次和孙权兵戎相见，通过对孙权排兵布阵、调兵遣将行为的观察分析，曹操终于认识到孙权是一个强大的对手，昔日他能够和刘备联合取得赤壁之战的大胜，不是偶然的。对于这样一位强敌，曹操给予了足够的尊重，言语之间不吝溢美之词。同样，孙权看待曹操也是如此，对这位死敌保持了足够的敬意。

尊重对手，事实上就是尊重自己。我们应当从思想深处意识到对手不仅仅是敌人那么简单，其实很多时候，对手更像是一面清晰的镜子，从他们身上能够看到我们自身的缺点和不足，这也是敬畏对手的真正价值内涵所在。

除敬畏之外，我们还应保持谦虚的态度，知耻而后勇，向对手学习，学习对方的优点和长处，在自我激励中让自己得以不断地成长进步。

人贵在知足

在合肥逼退了孙权，其间又打败马超、韩遂等关中地区的割据势力，曹操逐步从赤壁之战的沮丧中解脱出来，盘踞汉中的张鲁又成为他下一个要攻打的目标。

起初，张鲁和益州的刘焉关系不错，在刘焉的提拔下，张鲁出任督义司马的职务，并帮助刘焉夺取了汉中这一重要地盘。后来刘焉死后，儿子刘璋成了割据益州的地方军阀。这一时期的张鲁已然羽翼丰满，加上他看不上懦弱无能的刘璋，干脆将汉中据为己有，还顺带攻占了巴郡，建立了属于他自己的"独立王国"。

张鲁的行为惹得刘璋勃然大怒，他派兵攻打张鲁却无功而返，自此张鲁事实上占有了汉中、巴郡等地。当时正值建安初年，曹操鞭长莫及，无暇顾及，只得以汉献帝的名义任命张鲁为镇民中郎将，默许了张鲁对汉中的统治。

不过刘璋一直咽不下这口气，自己打不过张鲁，他就想要依靠朝廷的力量将张鲁挤走。为此他曾多次派人前往许都面见曹操，向对方靠拢。

建安十三年（208年），刘璋派属下张松再次前去和曹操相见，恰好这时曹操新近占领了荆州，志满意得，再加上张松为人其貌不扬，曹操就有些怠慢张松。张松觉得遭受了奇耻大辱，返回益州后，他在刘璋面前诋毁曹操，称赞刘备。而曹操赤壁之战的惨败，也让刘璋产生了错觉，认为不如去寻找新的靠山。

就这样，在张松的影响和干预下，刘璋派法正和刘备搭上了关系。建安十六年（211年），曹操为了攻打马超，故意派司隶校尉钟繇攻打张鲁，以起到敲山震虎之效，逼迫马超做出反抗的举动，以使曹操一方得到名正言顺的出兵借口。

当刘璋得知钟繇攻打张鲁的消息后，判断曹操也一定不会放过自己，益州将岌岌可危。张松见状内心窃喜，他极力怂恿刘璋邀请刘备赶来坐镇增援，内可敌张鲁，外可制曹操，刘璋对张松言听计从，天真地派人将刘备请了过来。

刘璋这一不明智的做法无疑是引狼入室，刘备到来后不但没能成为刘璋的强力外援，还逐步徐徐图之，最终取代刘璋，占有了偌大的益州之地。

得知刘备攻取了益州，曹操很是忧虑。自从当年"青梅煮酒论英雄"之后，刘备便脱离自己一点点做大做强，这自然是曹操所不愿看到的，他深知一旦刘备在益州站稳脚跟，必定会接着吞并张鲁的汉中。他不能任由刘备坐大，必须先一步采取行动，因此他在腾出手后，调集重兵，于建安二十年（215年）春发起向张鲁和刘备的进攻。

曹操的大军从陈仓（今陕西宝鸡）一路向西南进发，经过一段时间的艰苦行军，在夏天时来到了阳平关（今陕西勉县一带），这里属于张鲁汉中的地界，曹操大军的到来，对张鲁形成了泰山压顶之势。

张鲁原本不想抵抗，但弟弟张卫力主和曹操决战，他表示有信心击退曹军。在张卫的坚决要求下，张鲁只得派给他数万大军防守阳平关。

张卫也确实有一点兵法韬略，他来到阳平关后加紧构建防御工事。曹操领兵猛冲猛打了长达三天的时间也无可奈何，劳师远征的曹操看到出师不利，心里自然无比烦闷，为了避免打成消耗战，曹操只得下达了撤退的军令。

阴差阳错的是，在大军撤退时，曹操手下有一支部队迷了路，误入张卫的军营，张卫见状，还以为是曹军突破了他们的阵地，惊慌失措下仓皇逃窜，曹操闻讯立即指挥大军杀了一个回马枪，轻松地将阳平关给占领了。

丢失了阳平关，汉中几乎无险可守。张鲁刚打算投降，他手下一个叫阎圃的人站了出来，说现在投降曹操太没面子，也争取不到什么好处，不如先去投奔七姓夷王朴胡，然后再派人和曹操谈判，这样会尽可能地多保住一些利益。

张鲁依言而行，临撤退前，他派人将府库封存，等待曹操接受。曹操进入汉中后，对张鲁封存府库的行为感到很满意，于是主动派人和张鲁谈判投降事宜。张鲁也早有归顺曹操的心思，双方一拍即合。当年十一月，张鲁动身来面见曹操，曹操封他为镇南将军，还让自己的儿子曹宇娶了张鲁的女儿以示拉拢。

曹操之所以这么厚待张鲁，不计前嫌，主要还是看中张鲁在汉中的影响力。显然，曹操大度的行为也赢得了张鲁的好感，自此他对曹操死心塌地，极大地稳固了曹操在汉中一带的控制力。

拿下了汉中，接下来曹操该如何采取下一步的行动呢？跟随曹操出征的人中，有一部分人希望曹操能够进一步扩大战果，向刚刚夺取了益州的刘备发起攻击，这里面以司马懿为典型代表。他在曹操面前极力建议曹军以汉中为根据地，继续向南出征，实现打败刘备、夺取益州的战略目标。

为了能说服曹操，司马懿列举了三个非常充分的理由。其一，现今曹军刚刚占领了汉中，士气旺盛，士兵们求战欲望强烈，刘备大军位于距离汉中不远的益州，想必也会感受到曹军的威胁，在惊恐慌乱中必定军心不稳。

其二，刘备夺取益州，采取的是不义的手段，当初刘璋主动和刘备联系，主要是为了结成同盟，可是刘备却趁其不备，突然出兵拿下益州，取刘璋而代之。刘焉、刘璋父子在益州当地经营多年，虽然败亡，但影响力一直还在，益州很多有名望的人士都对刘备使用欺诈手段夺取益州的行为深感不满，趁此良机向刘备发起进攻，将能收到事半功倍的良好效果。

其三，刘备和孙权的联盟关系出现了较大的裂痕。赤壁之战后，刘备趁势占有了桂阳、零陵等地，欠了孙权一个很大的人情。等到刘备占据了益州有了立足之地，孙权按照双方的盟约向刘备讨要长沙、桂阳、零陵三郡时，刘备拖着不给，双方曾为此大打出手，差一点彻底闹翻。

所以，在司马懿看来，一旦曹操肯对刘备用兵，现在的刘备就相当于处于两线作战的不利态势，既要应付孙权索要"南三郡"，又要面对曹操的虎狼之师，以刘备目前的实力，很难做到首尾兼顾，此时夺取益州将易如反掌。

客观地说，司马懿提出的三点理由很有说服力，因此他的建议也得到了曹操身边的主簿刘晔等人的力挺。刘晔也试图说服曹操抓紧行动，否则机不可失，时不再来。

面对司马懿、刘晔等人的劝说，曹操在深思之后，说了这样一句话："人苦无足，既得陇，复望蜀邪？"否定了他们的提议。

其实从曹操的角度来看，他也有不得已的苦衷。贸然攻打益州，他担心重蹈当年荆州的覆辙，在根基不稳的情况下出兵，并非最佳的决断，况且一旦深入益州，后方空虚，难以保证在一旁虎视眈眈的孙权不动心思，因此在反复权衡了各种利弊后，决定适可而止，见好就收。

张鲁

（？—216年，一说245年），字公祺（《后汉书》作公旗）。祖籍沛国丰县（今江苏丰县）。东汉末年割据汉中一带的军阀。

真诚相待，化敌为友

张鲁盘踞汉中多年，在当地拥有无可替代的影响力。曹操在攻伐张鲁的时候，意识到了张鲁的价值，于是他改变策略，从剿灭转变为招抚。张鲁归降后，曹操给予了足够的尊重，不仅让张鲁得到了朝廷的封赏，还真心实意和张鲁结成儿女亲家，张鲁自此对曹操感激涕零，一心一意跟着曹操干。

与人相争，不如化敌为友，这才是大智慧。在化敌为友时，对手的人品、道德是一个非常重要的衡量标准，如果是小人一个，反复无常且做事毫无底线，这样的人就没有拉来为我所用的必要了。

对方的品行值得尊重，接下来我们就应当拿出足够的诚意，真诚地和对手相处，以礼相待，以一个"诚"字来化解对方心中的敌意，最终向我们靠拢。

当然，化敌为友后，想要这种和谐的关系长久保持，还要懂得利益分享的原则，言而有信，利益共享，定会让对方从心里敬你、服你、信你。

知足才能常乐

曹操收降张鲁，占领汉中，按照司马懿等人的意见，曹军应当趁热打铁，一鼓作气拿下刘备占领的益州。面对巨大的诱惑，曹操在深思熟虑之后，断然拒绝了司马懿这些主战派的提议。这次出兵的战略目标已然圆满完成，为了不让赤壁之战的失败重演，贵在知足的曹操选择了止战休兵的策略。

人贵在知足，知足才能常乐，如果不知足、永远没有满足的时候，内心必然会充满焦虑，心田也将被贪婪和欲望填满，会逐步走向欲壑难填的深渊。

做到知足并不难，一方面在于自我心理的调节，时刻要告诫自己必须控制内心的欲望，珍惜眼前拥有的一切，保持乐观阳光的心态。另一方面，在巨大的诱惑面前，不要被贪婪迷了心窍，要全面评估自身的能力，做到量力而行，不要什么都想要得到，要学会放手，懂得适可而止的道理。

智解襄樊之围

曹操占有了汉中，却没能守住多长时间，他在班师回朝前，以夏侯渊为征西将军，张郃、徐晃等人为部将，负责汉中的防守事务。

曹操撤军一年多后，刘备在稳固了益州后，开始发动对汉中的战役。在战役初期，刘备没能取得有效的战果，和夏侯渊僵持了长达一年多的时间。建安二十四年（219年）初，有些沮丧的刘备放弃对阳平关的攻打，转而在定军山安营扎寨，以观其变。

这时坚守阳平关的主将夏侯渊犯了决策性的错误，他误以为刘备要袭击南郑，匆忙领兵赶往定军山阻拦，哪知道在定军山下被老将黄忠杀了一个措手不及，当场殒命。

夏侯渊死后，曹操大惊失色，他领兵南下汉中，刘备采取坚守不出的战略和曹军僵持。曹操看到难以在短时间内取得对刘备的军事胜利，再加上汉中地区远离他的大本营，即使重新攻打下来，依旧要付出极高的防守成本，最终选择放弃汉中，随着曹军后撤，刘备也如愿以偿地将汉中据为己有。

舍弃汉中这一"鸡肋"，是曹操较为明智的选择。只是他没有想到的是，刚从汉中班师回到长安，襄樊一线就爆发紧急军情，刘备手下的大将关羽主动挑起了襄樊战役，挥师进攻樊城。

曹操这边，镇守襄樊一线的主将是大将曹仁，庞德为辅。曹操深知襄樊的重要性，远非汉中可比，在他收到战报后，立即派于禁领兵增援。

战役刚开启时，孤军深入的关羽并没能在曹军这里讨到便宜，防守有方的曹仁和于禁令关羽一筹莫展。事情的转机出现在当年（219年）的八月份，襄樊地区突然连日降下暴雨，大雨的到来让汉水暴涨，洪水肆虐直扑樊城，驻守在城外的于禁、庞德被迫放弃营寨以避滔天巨浪。

曹军大多是北方士兵，在一眼望不到边际的洪水面前，顿时慌了手脚，场面乱成一团。关羽看到这种情况不由得喜出望外，他指挥手下水军趁势向四散奔逃的曹军发起攻势，一举将于禁、庞德率领的七军歼灭，这也是《三国演义》中著名的"水淹七军"桥段。

庞德勇冠三军，奈何被洪水所困，即使如此，他依旧宁死不降，和关羽血战到底。他率领身边的亲卫一直从黎明杀到午后，当身边只剩下三个人时，庞德才乘坐一艘小舟向樊城撤退，可惜中途小舟倾覆，庞德被关羽的手下捉拿。

庞德被俘后，性格刚烈的他拒不妥协，面对关羽的劝降，庞德断然拒绝，终被斩杀。除庞德外，另一员主将于禁一看走投无路，主动投降了关羽。

曹操非常欣赏庞德的忠勇，但对于禁却有着一种说不出的感情。早年间于禁跟随曹操起兵，三十来年间转战南北，立下汗马功劳，是曹操极其信赖的"五子良将"之一。哪知道在生死面前，于禁还是经不住考验，这让曹操倍感伤心。直到曹操死后，曹丕即位，于禁才从江东返回洛阳，不久后便一病不起，抑郁而终。

水淹七军，关羽取得了骄人的战绩，接下来，他率军向樊城发起猛烈的攻势。在滔天洪水的冲击下，樊城仿佛成了汹涌波涛中的一座孤岛，有些工事不牢固的城墙也在洪水的冲刷下一点点崩坏倒塌，局面到了万分危急的时刻。

有人劝说曹仁，不如趁着关羽还未彻底将樊城团团围困的有利时机，早一点乘船逃走为好，以免像于禁、庞德他们，或降或死。

面对弃城逃跑的言论，满宠第一个站出来给予了有力的驳斥，他认为主将有和城池共存亡的责任，如果主将偷偷溜走，樊城将被关羽占有，丢失了樊城，关羽将能调动大军一路长驱直入，威胁到许都的安全。

曹仁高度赞同满宠的看法，他表态一定会和城池共存亡，无论付出任何的代价，都会将樊城死守到底。

自于禁投降、庞德战死后，曹操对前线战局的发展也是忧心忡忡，他迅速动身返回洛阳，尽量靠近前线以利于了解敌情，并和手下的文臣武将商议对策。

当时的情况确实大大出乎曹操的判断，关羽水淹七军取得辉煌的军事胜利，一时间威震华夏，许都以南的很多地方都有人起兵响应关羽的行动。这样的局面迫使曹操一度产生了将都城迁往黄河以北的想法，可见当时的情况实在是糟糕到了极点。

关键时刻，司马懿站出来提出了不同的看法，他认为现在迁都不是什么明智之举，一旦将想法落到实处，会产生很多不好的影响，更加助长那些反叛曹操的军事力量的野心，就像是雪崩一般，难以预料的负面连锁效应是曹操一方所不能承受的。

既然迁都的计划行不通，那么有没有更好的办法解决樊城之围呢？司马懿帮助曹操进一步分析，说江东孙权和刘备看似处于联盟的关系，其实他们之间早已貌合神离，曾经为了荆州的问题闹掰过一次。现在关羽兵锋正盛，预期战果比较大，想必东吴的孙权得知这一消息，内心也一定非常不满，现在我方可以派人主动联络孙权，以利益打动他，让他趁机去偷袭关羽的后方，事成之后许给他江南之地，孙权不可能不心动。

曹操听了深以为然，他当即做出两手行动，一方面命令徐晃急行军去救援樊城，另一方面派使者出使江东，劝说孙权和他联手。

正如曹操、司马懿所料，孙权认为刘备对他的威胁实在是太大了，占了荆州，又控制了益州，此刻关羽正连战连捷，其威胁程度远远超过了老对手曹操。按照孙权的想法和当今的形势，曹魏集团、刘备和孙权自己三分天下是最为合适的态势，孙权不愿意刘备后来者居上，稳居上风，因此没有过多犹豫，当即就答应了和曹操联手，表示东吴将出兵攻打关羽占领的公安和江陵两座城池，关羽得知消息必然会率军回援，樊城之围自然迎刃而解。

曹操对孙权的提议举棋不定，召集谋士们商议，手下董昭提出自己的见解，说应当将这一消息主动告知关羽，以挑起孙权和关羽的争斗，这样一来，不仅樊城之围可解，曹操这里也可以坐山观虎斗，坐收渔利。

曹操大喜，随即将孙权写给他的密信抄录若干，派人用弓箭分别射入关羽大营以及樊城城内。事情的发展果然如董昭所分析的那样，关羽接到曹操射来的信件后，内心犹豫，不知道该不该立即回撤救援公安和江陵两城，正当他盘算观望时，徐晃带领援军杀到，击退关羽，而孙权那边也开始行动，吕蒙白衣渡江，端了关羽的大后方，最终导致关羽兵败被东吴所杀。

襄樊一战，曹操其实是获利最大的一方，因为通过离间之计，挑起了孙权和刘备的争斗。如果说以前孙刘联盟还能维持表面和谐的话，这一次因为荆州丢失、关羽被杀，孙刘联盟已经处于实质性的破裂局面。至此曹操、刘备、孙权三方的势力范围也大致划定，三分天下的雏形已成。

庞德

（？—219年），字令明，东汉末年雍州南安郡狟道县（今甘肃天水武山四门镇）人，随张鲁归降于曹操麾下，被授立义将军，封关内亭侯，食邑三百户。

善于取舍，化被动为主动

曹操占据了汉中，后又被刘备夺去，曹操大怒，原本要不惜代价将汉中夺回，但在冰冷的现实面前，曹操意识到了汉中是一块"食之无味，弃之可惜"的鸡肋。和刘备靠近汉中相比，曹军劳师远征，即使这一次拿下了这块地盘，将来还要面对和刘备一方的反复争夺，从长远利益来看并不划算，在全面综合分析后，曹操主动选择放弃汉中，让己方不再为此疲于奔命。

在巨大的利益或诱惑面前，我们要善于取舍，在难以达成目标时要敢于放弃，扭转被动的不利局面，不至于一步步被拖累。当然，想要做到恰当地舍弃，自身定力很关键，要能够控制内心蠢蠢欲动的欲望，及时止损。

放弃之后，并不意味着我们不再作为，而应第一时间将宝贵的精力、时间、资源用在更该用到的地方，以小的代价实现大的收益。

以利动人，构建双赢局面

关羽"水淹七军"后，威震华夏，一度逼得曹操打算迁都，在司马懿的提醒下，曹操很快转变了想法，通过"以利诱人"的策略，引诱孙权出兵攻打关羽的后方，而他自己则派精兵继续和关羽缠斗。在曹、孙双方的前后夹击下，关羽兵败身死，荆州丢失，刘备成了最大的输家。

想要做到以利动人，需要从三个方面着手。首先，洞察需要拉拢的一方的现实需求是关键，知道他们想要什么，痛点是什么，才能在拉拢对方时做到有的放矢，直击对方心理薄弱之处。其次，要切切实实让对方看到或得到利益，这关系到具体行动的成与败，只有空头支票而没有实质性的利益共享，很可能无法打动对方。最后，故意制造紧迫感也很重要，在利益之外，还要营造紧张的气氛，让对方不得不选择和你合作，否则不仅得不到利益，还会面临更大的损失。

今孤言此，若为自大，欲人言尽，故无讳耳。

设使国家无有孤，不知当几人称帝，几人称王！

（曹操述志令）

第七章

治世能臣：
天地间，人为贵

曹操以农为本，减租免税，重视民生，只为实现"克定天下"的政治理想。

世人评价曹操是"治世之能臣，乱世之枭雄"，纵观曹操辉煌的一生也确实如此。在政治治理方面，曹操展现出了和他高超军事谋略同等的智慧和手腕，注重恢复和发展北方社会经济，劝农桑，推屯田，兴水利，重民生，使得北方地区的社会生产力得到了较快的提升。而在用人和团队管理上，曹操的"唯才是举""用人不疑"等理念，值得世人学习借鉴。

修耕植，蓄军资

作为东汉王朝的丞相，曹操称得上是当时的"治世能臣"。东汉末年社会秩序动荡混乱，促使曹操不得不大力发展农业生产，努力稳定社会秩序。

从汉桓帝到汉献帝时期，汉王朝的社会经济发展出现了崩溃的迹象，宦官专政，军阀混战，以黄巾起义为首的农民运动造成严重的社会秩序失衡，再加上旱涝天灾，首先受到冲击的是农业生产与经营。流离失所的百姓根本没有精力去从事耕植之业，司马光的《资治通鉴》在描写这一时期的历史惨状时曾这样写道："天下乱离，民弃农业，诸军并起，率乏粮谷，无终岁之计……民多相食，州里萧条。"

连年的战乱灾荒，不仅直接导致了全国适龄劳动力人口的陡崖式锐减，还进一步造成农业生产发展的停滞，大量可耕种的土地被抛弃以致荒芜。

这一点在曹操《蒿里行》一诗中有过鲜明生动的描写："白骨露于野，千里无鸡鸣。"作为历史最直接的见证者，从曹操的笔下，人们可以深深感受到汉末时期整体社会经济趋于瓦解的残酷现实。

对于中国这样一个传统的农耕社会而言，农业生产的凋敝意味着整个社会经济的衰败，作为杰出的政治家、军事家，曹操自然深知农业发展的重要性和必要性，他一方面要实现内心远大的理想抱负，为一统华夏而努力；另一方面他也深深意识到着手恢复农业生产的紧迫性，只有让百姓投入农耕，才是顺应民意、稳固统治秩序，进而才能为他的军事行动提供切实的物资保障，助力他完成统一天下大业。

早在汉献帝兴平二年（195年），曹操刚刚在北方有了初步的根基，就和手下司马朗、荀悦等人一起探讨农耕事宜。两人建议曹操应当及早行动，以达到"兴农桑以养民生"的目的，百姓吃得饱、穿得暖，王朝的府库积累才能渐渐变得充盈，所以想要在北方站稳脚跟，农业是第一要务。

此外，曹操身边重要的谋士毛玠也持相同的观点，毛玠强调致力于恢复与发展农业生产的积极意义，认为这是关系到王朝的长久治安的大问题，尤其在乱世之中，曹操将来所面临的问题不仅是王朝的治理和社会秩序的稳定，还要兴兵讨伐各路诸侯，以结束天下分崩离析的社会现实。开展军事行动必须有充足的粮草，因此这一切都需要曹操将经济的重心放在农业生产上面，兴农为先。

曹操作为一名有远见的政治家，善听身边人的劝谏，于是将他统治范围内的农桑之业作为社会经济秩序恢复的首要任务来抓。很快，曹操制定了一系列有助于农业发展的政策，兴修水利，开挖河道，还特意设置了"典农中郎将"这一督促农业生产的官职，由专人、专机构负责，一切以农业为中心，将"修耕植"放在了治国理政的首位。

在鼓励治下老百姓发展农桑的同时，曹操还实践推广了"屯田"的举措。当时社会动乱，各个割据的军阀都在扩充武力，纷纷招兵买马，但一个不能忽视的社会现实是，因为军粮短缺而造成士兵逃亡的现象比比皆是，曹操对此也有切肤之痛。当年他对战陶谦、吕布等人时，往往到了快要分出胜负的关键时刻，却出现了粮草物资难以供应的严峻问题，粮草短缺，军心不稳，后续进攻乏力，最终导致功败垂成局面的出现，曹操曾多次因此不得不遗憾地宣布退兵。

善于从失败中汲取宝贵的经验教训，是曹操能够取得一番大事业的基础，现实让曹操进一步认识到了农业生产的重要性，为此在毛玠、枣祗等人的建议下，在迎接汉献帝来到许都后不久，曹操就发布了《置屯田令》的政策主张，一方面，招募失地的农民前来屯田，另一方面从军人家属中挑选会种地的人加以安置转化，比如在收编黄巾军余部的时候，曹操就将里面年纪大一些的士兵、家属挑选出来从事农业生产，按人口分配给他们一定的田地。对于这些招募过来的农民，曹操按照军事编制的方式，五十人为一组，这种新颖的生产互助模式，极大地提高了粮食耕种收获的效率。

另一方面，曹操还积极地开展"军屯"行动。"军屯"是曹操致力发展农业生产的一大举措。在一些必须防守的军事要地，曹操提出"战时打仗，闲时耕田"的号召，做到就地"取食"，既保证了军粮的充分供应，又能切实维持军队的战斗力，对军事要地和边关地区的长久稳定有着显著的效果。

　　总体而言，曹操"以农为本"的政治举措，对恢复汉魏之际衰败凋敝的社会生产秩序，起到了积极的作用。

> **毛玠**
>
> 　　（？—216 年），字孝先，陈留平丘（今河南封丘）人。东汉末年大臣。为县吏时，以清廉公正著称，曹操采纳了他的"挟天子以令诸侯"等意见，转任他为幕府功曹。

长远规划，才能行稳致远

曹操所处的时代，天灾不断，战乱频繁，百姓的生产生活都陷入了巨大的困境之中，在这种艰难的局面下，曹操以发展农业为基础，较快地恢复了社会经济秩序，为他的军事行动提供了切实的物质保障，显示了长远的战略目光与规划。

长远规划，对人生的发展有着积极的意义，人们首先应当明确自我的追求目标和愿景，确定自我追求的大方向。其次有了充分的思想认识后，还要设立具体可行的目标，以目标为导向努力奋发。最后是重在行动，持续学习，不断提升个人综合素养，久久为功才有丰厚的回报。

下定决心，打造强大的执行力

兴修水利，开展屯田事业，是一项长期的工作，曹操需要为此付出巨大的努力。难能可贵的是，曹操一旦下定决心，就始终持续不懈地坚持下去，他身上所具有的坚定执行力令人钦佩。

人生是一个自我价值追求与实现的过程，在为理想而奋斗时，需要我们有坚定的信念与坚忍的毅力，认准的事情一定要努力完成，绝不可半途而废。

有时目标任务长期且复杂，这时更要求我们能够及时调整心态，始终乐观向上，以强大的执行力将难题逐一克服，直至完成目标任务。

河南许昌曹丞相府

打击豪强，减轻民负

东汉末年，普通百姓的生活非常凄惨，上有宦官、外戚交替乱政，中有军阀割据，连年战乱，灾荒频频，下有以豪强地主为首的恶势力横行无忌，鱼肉百姓，民不聊生。

豪强地主的最大特点，就是在经济上利用自身的权势不断地兼并土地，不仅令广大农民失去了可供耕种的土地，贪得无厌的他们还将赋税想方设法转移到老百姓身上，肆意盘剥，让百姓背负上了沉重的经济负担。更有甚者，豪强地主还左右朝政，形成利益集团，造成严重的社会隐患。汉末持续爆发的大大小小的农民起义，其中很大一部分都和豪强势力的压迫有关，是时局动荡的主要影响因素之一。

曹操素有雄心壮志，他的目标不单单是为了一统天下，还要将趋于崩溃的社会秩序扭转到良性的运行轨道上，从而实现"克定天下"的政治理想。

　　针对地方豪强势力，曹操顺应民情民意，以强有力的政治手腕，于建安九年（204 年）颁布了《收田租令》的通告，明文规定严禁豪强势力以各种借口侵占百姓的田地，从根源上遏制了东汉中期以来豪强势力的不断膨胀势头，让百姓有田可耕、有粮可食。

　　除打击豪强之外，曹操也很关心百姓的税负问题。其实，在东汉王朝建立之初，实行"三十税一"的社会政策，百姓的负担相对较轻。到了后期，因为豪强势力的持续膨胀和连年战乱的影响，使得无数百姓被迫逃离家乡，流落四方，这样一来，就导致地方的户籍登记出现严重混乱的情况，一些贪官污吏趁机从中牟利，设立了名目繁多的税收项目，进一步加重了百姓的生存压力。

　　曹操在大量的实践调查中，深深感受到旧有的以人口为依据的赋税政策已经很难适应当下社会经济发展的现实需要，为此出台了新的租税政策。

　　具体来说，一是收租方式的多样化。百姓耕田需要向官府租借耕牛的，以租借耕牛的数量来厘定需要实际缴纳的租粮数目，这一租税政策称之为"定额"。

　　"定额"之外还有"分成"。"分成"指的是百姓租种官府提供的田地，当粮食丰收时，没有耕牛的，上缴粮食总收获量的六成给官府；有耕牛者，和官府五五分成。

　　清晰明确的收租政策，极大地提高了百姓从事农业生产的积极性，为北方地区社会经济的发展起到了较好的促进作用。

　　二是做好减租免税政策的实施与落实工作。东汉末年，繁多的徭役和兵役令百姓不堪重负，难以安心从事农业生产，曹操为了调动农民的积极性，切实减轻百姓的负担，在《收田租令》中明确规定：只要百姓能按时向官府上缴特定的租税，就可免除一定的兵役、徭役，如果当地发生重大灾荒，也可酌情免除所有赋税。

三是将户调和田租充分结合，以更灵活的方式向百姓征收租税。所谓的户调制，就是将收取田租的标准定为具体的绢、丝绵和粮食数目，改变了以往以人口为单位的征收政策。

比如规定一户自耕农一亩地需要缴纳粮食四升、绢二匹、丝绵二斤，这样的实物租税，在很大程度上减轻了百姓的负担，为农业生产的快速恢复创造了极为有利的条件。

曹操针对社会治理制定的政策和各项举措，极具现实性，他没有因循守旧，而是能够根据实际情况的发展而灵活地调整自身的统治政策，做到与时俱进，使得他统治下的北方地区得以快速地安定下来，同时也为他的统一步伐注入了强大的内在支撑力量。

典韦

（？—197年），陈留己吾（今河南商丘宁陵己吾城村）人，有大志气节，性格任侠，东汉末年曹操部将。

胸怀理想，让人生绚丽多彩

汉末三国的历史舞台上，曹操是一位胸怀壮志，有着远大理想抱负的一个人，他为了实现自我"克定天下"的政治理想，冲破重重阻力去打击豪强势力，采取切实措施减免百姓的赋税，大力兴修水利，极大促进了社会资源的平衡分配，有效推动了社会的发展进步。

胸怀理想，人生才能充满绚丽的色彩。所以在日常生活中，我们首先应当结合自己的价值观，明确自身的理想抱负是什么，明确了人生的目标追求，才会有更加清晰具体的方向指引。其次，在明确人生目标和理想追求的基础上，要做到百折不挠，矢志不移，甘愿为理想付出心血和汗水。最后，要做到胜不骄，败不馁，在拥有平和心态的前提下勤奋务实，一步一个脚印坚定地走下去。

打破因循守旧思维，勇于创新

曹操注重社会治理，重视民生，敢于冲破旧势力的阻挠去改革创新，打击豪强，兴修水利，开展屯田行动，他的大胆决策和行动，让他统治下的北方地区较为安定，也为后续的统一铺垫了良好的基础。

因循守旧，故步自封，会使人丧失积极进取的奋斗精神，我们在面对生活时，也要打破旧思维，勇于创新。

首先，要让自己始终保持好奇心和新鲜感，面对新事物能主动地去探索了解。其次，要勇于走出舒适区，敢于尝试，向自己发出新的挑战。最后，要能坦然接受失败，将每一次失败看作人生的一次成长磨炼，最终百炼成钢。

对于职场中的人士来说更应如此，要不断地去挑战自我，莫要安于现状，只有紧紧跟随时代发展的脉搏，我们才能在与时俱进的基础上实现人生的自我超越。

求贤若渴，礼贤下士

　　曹操作为汉末三国时期的重要历史人物，能够在东汉末年的社会动荡中强势崛起，这在很大程度上和曹魏集团人才辈出有着密不可分的关系。在整个汉末三国时期，曹魏集团可谓是"猛将如云，谋臣如雨"，众多能人高才聚集到一起，是曹操从乱世之中杀出一片天地的"法宝"，也使得曹魏集团的实力始终在蜀汉、东吴之上。

　　曹操从起事之初，就非常重视人才，族中子弟曹仁、曹洪、夏侯惇等都被他招至麾下，荀彧、毛玠等谋士也紧紧追随，这些人才的到来，令曹操有了初步争雄天下的资本。

　　当曹操将汉献帝迎接到许都后，局势稍微安定下来，求贤若渴的曹操就让荀彧帮他推荐可堪大用的人才，戏志才和稍后的郭嘉就是荀彧推荐过来的。在以后的官渡之战、攻打陶谦、征伐乌桓等军事行动中，郭嘉跟随曹操左右，为他出谋划策，做出了巨大的贡献。当赤壁之战曹操惨败逃回北方时，他曾伤感地说："郭奉孝在，不使孤至此。"这句话也从侧面印证了人才的重要性。

从建安十五年（210年）到建安二十二年（217年）这短短的七年时间里，曹操就先后下发过三次"求贤令"，中心思想只有一个：唯才是举。凡是可以被曹操所用的人才，不拘一格，不问身世背景，不计门第，一律都可以得到赏识与重用，只要是金子，就能在曹操手下绽放光芒，发挥出应有的作用。

这种"唯才是举"的求才思想，使得一大批苦于没有门路求得上进的贤能人士纷纷来到曹操的门下，使得曹操领导下的曹魏集团出现了难得的"人才井喷"现象。

比如，建安十五年，曹操发布了第一道求才令。这一道命令的背景，是曹操刚刚遭遇了赤壁之战失败的惨痛，痛定思痛的他更加重视人才的作用。文中就鲜明地提出"唯才是举"的求才主张："自古受命及中兴之君，曷尝不得贤人君子与之共治天下者乎……唯才是举，吾得而用之。"

曹操重视人才，求贤若渴，不仅仅是一种姿态或口号。面对真正的人才，他切实做到了礼贤下士的谦逊态度，让投奔他的人才得到了极大的尊重，这一点在曹操的《短歌行》一诗中有着较好的体现。

"对酒当歌，人生几何？ 譬如朝露，去日苦多。慨当以慷，忧思难忘。何以解忧？唯有杜康……月明星稀，乌鹊南飞。绕树三匝，何枝可依？ 山不厌高，海不厌深。周公吐哺，天下归心。"

本诗中，曹操借用西周时期周公旦的典故，表明了他愿意以"礼贤下士"的姿态求得人才的心态。当年在和袁绍展开官渡之战的对决时，袁绍的谋士许攸因为得不到赏识重用，一怒之下连夜投奔曹操，曹操得知许攸到来的消息后，连鞋都顾不上穿，直接奔出营帐外迎接许攸。重视人才，尊重人才，曹操才能在并不占优势的情况下逆风翻盘，取得了官渡之战这一以少胜多经典战役的胜利。

曹洪

（？—232年），字子廉，沛国谯县（今安徽亳州）人。三国时期曹魏名将，曹操从弟。谥号为恭，配享魏武帝（曹操）庙庭。曹操曾评价说："我家赀那得如子廉耶！"

重视人才的作用

以曹操为首的曹魏集团，人才济济，后备力量也是源源不断，这也是他能统一北方的强大软实力。当然，曹操身边的人才不是凭空而来的，求贤若渴的他多次向天下征召可用的人才，而无数人才的投奔，也反向促进了曹操大业的成功。

成就一番事业离不开人才的鼎力支持，企业管理尤其如此。人才对企业发展壮大的重要性可想而知，一个没有人才可用的企业，注定是没有前途和未来的。但想要延揽人才为我所用，企业管理者首先要善于发现人才，要有一双善于挖掘优秀人才的"慧眼"。其次要懂得培养人才，有了人才，还要注重人才的培养工作，帮助他们不断地成长进步。最后要充分利用人才，给人才以舞台和机会，最大限度地让人才发挥出应有的作用，只要将挖掘、培养、利用三者充分结合起来，自然能让管理工作呈现欣欣向荣的局面。

礼贤下士，重在一个"诚"字上面

拥有雄才大略的曹操，不仅充分意识到人才的重要作用，在各方吸纳人才的过程中，也能够真正做到虚位以待、礼贤下士，他的诚意赢得了人们的尊重，也让他网罗了一大批智杰之士为他所用。

　　团队管理中，如何留住人才是一门大学问，这要求团队领导应当具备谦和宽广的心胸，首先要拿出足够的诚意，充分尊重人才，在具体措施上，比如给予人才和他们的职位、才能相匹配的薪资待遇，真正将诚意落到实处。其次，给人才提供广阔的发展空间，设置合理的晋升渠道，对于做出了业绩和成就的人才要给予物质上的奖励或职位上的晋升。最后，放手而为也非常重要，利用人才的基础是信任，让他们能发光、敢发光，做到人尽其才，一展所长。

知人善任，用人不疑

东汉末年，群雄割据，相互之间为争夺天下展开了惨烈的厮杀。表面上，各个大小军阀之间的征战以军事实力为第一，谁的拳头硬谁就能获得更为广阔的地盘，从而从争霸天下的大业中脱颖而出。

事实上，军事实力是一个方面，但并非最为关键性的因素，否则就不会有曹操官渡之战的胜利，也不会有孙刘联军赤壁之战的胜出。真正具有决定性的因素实质上是人才的竞争和对决，谁拥有了更多、更优秀的人才，并让人才的才能得到充分发挥，谁就能成为笑到最后的那一个。

显然，在知人、用人方面，曹操表现出极大的智慧、胸襟与气度。他不仅能够将各色各类的人才招至麾下为其所用，也能够最大限度地尊重人才，给予人才可以发挥自身才能的广阔空间与舞台，很好地做到了知人善任、用人不疑、人尽其用，从而使得曹魏集团始终极具活力，在三国鼎立的时代一直稳居上风。

梳理曹操的用人智慧，主要有这样几个方面。其一是知人善任，能够将人才放在合适的位置上，以最大限度地发挥他们潜在的才能。比如荀彧、荀攸、郭嘉等人，曹操和他们共事以来，一直将这些大才之士当作自己的心腹谋臣，可谓是知无不言，言无不尽。

再比如任峻、枣祗等人，是曹操实施屯田政策的重要帮手。他们得到曹操的重用，将屯田大计经营得有声有色，成为助力曹操一统北方的重要帮手。

其二是用人不疑。在这一点上，曹操做得非常不错。他知道要想让人才的潜能得到充分的发挥，就必须给予他们足够的信任，让人才能够在各自的岗位上获得较大的自由权。

比如曹操手下的武将，除了早期跟随他的曹仁、曹洪、夏侯惇、夏侯渊之外，很多都是从敌对阵营中投靠过来的，其中最为典型的就是张绣。当年张绣和曹操之间曾有过血海深仇，降而复叛的张绣，在偷袭曹操的时候杀死了曹操优秀的长子曹昂和大将典韦等人，后来张绣在贾诩的劝说下归顺了曹操，曹操抛却前嫌，给予他充分的信任，这也让张绣感激涕零，愿意为曹操驱驰，直到病死疆场。

钟繇也是一个典型的例子。当年马超、韩遂盘踞关中，成为曹操的一大心头隐患，在荀彧的推荐下，钟繇被曹操任命为司隶校尉，奉命节制关中诸君。为了让钟繇没有思想压力，曹操特意给予了钟繇不受各类条条框框约束的权力，让他根据实际情况相机行事，而钟繇也出色地完成了曹操交代给他的战略任务。

曹操拥有知人善任、用人不疑的大智慧，在于他懂得"知势、知品、知心"这三个高超的知人善察方法。知势，是因为曹操知道在乱世之中，那些有才能的人士都渴望能够找到"明主"，以期建功立业，做出一番轰轰烈烈的大事业来，只要充分信任他们，敢于任用他们，这些文臣武将都能在各自的舞台上发光发热。

知品，曹操招降纳叛，并非良莠不分，人品不行他是不会使用的，比如吕布，这是一位勇冠三军的猛将，但因为屡次"跳槽"，反复无常，即使吕布主动请求曹操收留，曹操在权衡之后也断然拒绝。

知心，曹操善于洞察那些投奔过来的人才最大的内在需求，有些是渴望自身的才能不被埋没，有些是为了求取军功，有些是为了建功立业，对于各个人才的不同心理需求，曹操总是能够"对症下药"，在满足他们心愿的基础上做到为己所用。

> **钟繇**
>
> （151—230 年），字元常，豫州颍川郡长社县（今河南长葛）人，东汉末三国曹魏重臣，书法家，被历代奉为楷模，有"正书之祖"之誉。他与张芝、王羲之、王献之合称"书中四贤"，与王羲之并称"钟王"。时人称"钟太傅"。

合适的人才一定要放在合适的岗位上

曹操善于延揽人才，也善于利用人才。在他的手下，每一个人才都得到了较好的任用，会打仗就冲锋陷阵，懂农业就放在屯田岗位上，有谋略就担任智囊的角色，各司其职，各尽其用。

在管理工作中，要注重人才的合理任用，这是管理工作的重中之重，只有做到人尽其用，才能使人才潜在的能力得到充分的发挥，这是管理工作的要义所在。所以，作为一名管理者，首先要多去用心观察，多和员工交流，从而发现他们潜在的能力，为下一步合理任用做好准备。其次，建立客观公正的考核标准，准确评价对方的综合素养，如学习力、执行力、专业技能等，全面掌握人才的具体情况。最后，根据员工的能力、性格、特长等，将他们分配到适宜的岗位上，如口才好，会社交，就在销售方向多加培养。

放手，放权，用人不疑，人尽其才

用人不疑，疑人不用，曹操在这一点上做得非常好，即使是从敌对阵营投奔过来的降将，比如张绣、张辽等将领，曹操也能放手使用，这也是曹魏集团发展壮大的重要因素之一。

管人，用人，做到放手、放权，这是从事管理工作的精髓。首先，在实际管理工作中，管理者应当放下身段，和各个岗位上的员工坦诚沟通，加强交流，以谈心等方式，让彼此之间建立牢固的信任关系。其次，当确立信任关系之后，在合理的范围内适度放权，让员工的潜能得到发挥。针对目标任务，重在关注结果，少介入，少插手。最后，出现矛盾分歧或遇到比较棘手的难题时，应鼓励大家多提意见，集思广益，以消除分歧达成共识。

巧妙调和团队关系

以曹操为首的曹魏集团，人员组成非常复杂，这里面既有曹操起兵时就追随在他左右的曹氏宗亲人员；也有一些原先属于汉廷的官员，如荀彧、华歆等；还有在连年征战过程中投靠曹操的降将，如张郃、张辽等；更有一些是他曾经的死敌或对手，这里面以张绣为典型代表。

由多方人员组成的曹魏庞大集团，新旧势力掺杂在一起，管理起来难度非常大，也确实非常考验曹操的智慧和手段。可是，观察曹魏集团逐步崛起的过程不难发现，在几方势力交叉下，曹操却以高超的手腕使这些人都牢牢聚集在自己的手下，武将出力，谋士出智，众人团结一心，共同推动曹魏大业的稳步前进，成就了一番轰轰烈烈的大业。

曹操为什么能够将一个由各种势力组合而成的群体充分整合起来，全面激发他们的向心力和凝聚力呢？这和他能够巧妙地调和团队关系的高超手腕有关，有这样几则事例可以充分展示曹操管理团队的"小技巧"。

其一，能够照顾到老资格员工的心理感受。

曹操身边的武将一大把，在他南征北战的数十年里，先后跟随曹操的将领不计其数。以"五子良将"为例，资历比较老的，当数乐进、于禁二人，两人很早就追随在曹操左右，所以在具体封赏的时候，曹操就给予了两人比较大的照顾。

《三国志·魏书》上载："以（乐）进数有功，分五百户，封一子列侯；进迁右将军。""迁（于禁）左将军，假节钺，分邑五百户，封一子列侯。"

这样的封赏，是徐晃、张辽这些新人所没有的。也许于禁他们的战绩不如张辽他们辉煌，但他们的忠诚度经受了时间的考验，曹操看重的正是这一点，在合适的时机必须给予适当的照顾，不让老员工"受委屈"。

其二，在遇到大的作战任务时，曹操会让多人一起统兵前往，事后有了功劳大家一起分。

战争年代，军功第一，作为武将想要谋取更为远大的前程，军功必不可少。但有时候"僧多粥少"，必须平衡各方面的利益，曹操采取的办法就是让多个将领共同领兵，到时根据功劳大小给予奖赏，总体上讲究人人有份，皆大欢喜的局面有利于促进团队内部的和谐。

其三，指挥权发生争议，曹操直接出面协调。

曹魏集团的将领之间，难免会发生矛盾和摩擦，特别是级别相当的将领，遇到关键问题时，应该听从谁的指挥呢？

　　曹操早就想到了这一层，比如，曹操在征伐张鲁时，留下张辽、李典、乐进、薛悌几个人共守合肥对付孙权，这几员将领级别差不多，本领也都不错，都是打仗的好手。曹操为了避免团队出现内耗，临走前直接给薛悌留下指示，到时孙权真的派兵前来，张辽和李典出阵对敌，乐进负责防守城池，薛悌无需出战。

　　正是有了曹操巧妙的安排，才最大程度上发挥出了这几员武将的潜力，出战的张辽以八百骑精锐杀得孙权落荒而逃，一战而"威震逍遥津"，让曹操少了很多后顾之忧。

　　其四，善于平衡各方的势力，不会轻易让一方占据绝对上风。

　　曹操起家之时，之所以能够在短短时间内就拉起一支部队，和他的宗亲的鼎力相助密不可分。如曹洪、曹仁、夏侯惇等，从血缘关系上讲，都是曹操的至亲；从干事创业角度上看，他们又是曹操事业发展的重要帮手。所以，对待这些宗亲，曹操给予了他们极大的信任，也愿意将高官厚禄赏赐给他们。

　　但对于宗亲之外的其他势力，如庞大的士族阶层，曹操也格外看重，为了得到他们的支持，曹操往往通过封赏、联姻的方式来赢得他们的亲近，使其能够更好地为自己所用。

　　因此，在宗亲和士族阶层之间，曹操不会完全站在宗亲这边，任由他们垄断一切资源，也不会放任士族阶层的力量随意膨胀，凌驾于宗亲群体之上，始终让双方处于一个微妙的平衡状态。

制度和企业文化是调和团队关系的基石

曹操是一名称职的管理学大师，他手下的人员来源复杂，出身不一，有他宗族的子弟，有原先属于汉室的官员，也有从对手那里招降过来的谋士、将领，形形色色的各类人士汇聚在一起。但大家都能团结在曹操的麾下，精诚合作，愿意为曹操所驱驰，很少出现内讧等矛盾纠纷，充分证明了曹操高人一等的管理智慧。

一个团队在发展过程中，难免会出现新老员工闹矛盾的现象，这时协调平衡就显得尤为重要，作为领导者，应当将公平公正的管理制度放在首位，做到一碗水端平，不偏不倚。在企业文化的构建上，也应多提倡团结合作的理念。当矛盾出现时，管理者要充分发挥领导作用，倾听员工的利益诉求，避免冲突升级，采取有效措施增强团队凝聚力。

资源共享，钱散人聚，注重奖励法则的运用

曹魏集团内部人心凝聚，和曹操宽广的心胸和气度有关，有了功劳他会和大家一起分享，而不是独霸窃取，每个人的价值都得到了认可，人心自然就整整齐齐。

作为一名管理者，也应向曹操学习。一是要有广阔的胸襟，懂

得资源共享的道理，合理分配资源，与员工一起为共同的目标奋斗，让他们有参与感、认同感。二是要懂得钱散人聚、钱聚人散的道理，在平日的管理工作中要注重精神奖励和物质奖励，有了业绩就要大大方方地奖励，让员工有满满的获得感。做到了这两点，团队的战斗力将会得到极大的增强。

善于纳谏，虚心接受批评

历史上，曹操能够在乱世之中杀出一片天地，他所带领的曹魏集团成为"三分天下"三方势力中实力最为强大的一方，除了与曹操善于捕捉各种有利的机会为己所用有关外，还和曹操能够虚心纳谏、勇于接受批评的宽阔胸襟息息相关。

作为曹魏集团的主要决策人，曹操在和手下相处的过程中，能够营造出一种可以畅所欲言的宽松环境，当众人根据时局的发展提出建议时，曹操的表现常常是"择其善者而从之"。曹操善于纳谏，具体表现在这样几个方面。

一是鼓励大家随意发表意见，言者无罪。

曹操一生很重视身边"智囊团"的作用，他的身边云集了一大批智谋高超的人士，曹操常常鼓励大家可以畅所欲言，即使说错了话，曹操也只是一笑了之，从不会生气计较。

这一点在谋士郭嘉的身上表现得尤为突出。郭嘉自从跟随了曹操之后，其谋略水平深得曹操的赏识，每次遇到重大军情时，曹操也总会召开会议，让以郭嘉为首的谋士们可以随心所欲地发表个人的意见与看法。

而郭嘉等人，知道曹操的性情秉性，因此既不唯上，也不用担心遭受无端的批评，有什么就说什么，知无不言，言无不尽。比如，在西征乌桓时，曹操处于进退两难的境地之中，在困境面前，他一度有撤兵的念头。关键时刻，郭嘉毫不客气地指出，现在到了只能进、不能退的时候了，趁其不备，出其不意，必能一举克敌。

曹操深感郭嘉说得有道理，于是就采纳了对方的意见。果然锐不可当的曹军所向披靡，打了乌桓一个措手不及，取得了征伐乌桓辉煌的军事胜利。

二是勇于接受批评，错了就错了，由自己承担失败的责任。

虚心纳谏是曹操的长处，勇于接受批评也是曹操身上的一大闪光点，他从不推诿责任，诿过于人，只要是自己的责任，都主动表态承担。

有一次曹操征讨东吴，为了对付孙权，他想要将整个淮南的老百姓都迁徙到别的地方。当时蒋济站出来表示不赞同曹操这么做，头脑发热的曹操没有理会蒋济的意见，坚持按照自己的意思办。后来的事实证明曹操是错误的，淮南的百姓听说要远离故土，干脆一股脑儿地跑到孙权那边去了。

不久后，曹操再次见到蒋济，连忙上前认错，说当初迁徙老百姓的事情现在看来还是蒋济是正确的。

失败了，责任由自己承担，和其他人无关。比如，在赤壁之战的时候，曹操手下的士兵大多不习水战，为了克服这一弊端，曹操下令让战船都紧紧地靠在一起，以方便将士们自由行走。

显然，战船紧靠，就会有被敌人火攻的风险，曹操手下的谋士程昱、荀攸都看出了这一弊端，他们两人便主动找到曹操，提醒曹操一定要防备对手采取火攻的计谋。当时的曹操刚刚取得了荆州的胜利，志得意满的他根本没把两位谋士的话语放在心上，但正是他的疏忽大意，让孙权一方看到了机会，一场大火烧得曹军不战自乱，溃不成军，赤壁之战的失败令曹操元气大伤。

虽然遭受了如此重大的失败，曹操却没将这股窝囊气撒在其他人的身上，反而是将所有的过错都揽在自己的身上，后悔没有早一点听从程昱、荀攸他们的正确意见，对这一次的失败他愿承担所有的责任，没有因此而惩罚过其他任何一个人。所以说，曹操的成功绝非偶然，他的这种从善如流、虚心接受批评的精神值得学习。

> **蒋济**
> （188—249 年），字子通，楚国平阿（今安徽怀远县西南）人，三国时期曹魏名臣。

🪧 从善如流，广开言路

纵观曹操整个执政时期，曹魏集团的政治治理是比较开明的，遇到棘手的问题大家一起讨论，各抒己见，在协商一致的基础上形成团队意志。事实证明，集思广益后做出的计划，大多数时候是正确的，善于纳谏的曹操，品尝到了事业成功的累累硕果。

一个人能够走多远，关键在于他的胸襟和气度，企业管理中，身为企业领导者，应当做到从善如流，广开言路。具体可以从以下几个方面入手。

其一，态度谦逊，懂得尊重下属，鼓励大家畅所欲言。其二，学会自我反思，没有人能永远正确，这也是兼听则明道理的体现。其三，不断提升个人修养，让自己有"海纳百川"的雍容气度。

做到了这些，团队内部就会出现团结一致、和谐奋进的良好氛围，即使管理者做出一些不理智的举动时，下属也敢于提出不同的意见和看法，避免出现重要决策失误。

🪧 闻过则喜，正确看待来自外界的批评

曹操不但能虚心纳谏，还有接受批评和自我批评的勇气。对来自外界的批评，曹操往往是不怒反喜，当意识到自己犯了错误时，

也能公开道歉，重新回到正确的做法上来，这和另一位枭雄袁绍形成了鲜明的反差，正因为如此，曹操才能笑到最后，而袁绍早早败亡。

闻过则喜，这是对管理者基本的素养要求，我们应当将批评当作一面镜子，从中照出自身的缺点和不足。犯了错误时，敢于承认，不逃避，不推诿，尔后加以认真改正，做到"见贤思齐焉，见不贤而内自省也"。

管理工作最怕领导者刚愎自用，多一点谦虚，多一分宽容，多一些倾听，多一点改进，才能让上下齐心，协力共进。

令行禁止，赏罚分明

俗话说："没有规矩不成方圆。"规和矩，是世间万事万物的标准和法度，任何人和任何事情，都应当在一定的规则制度下有序运行，否则将会导致混乱不堪的局面。

在管理庞大的曹魏集团时，曹操就深知"规矩和法度"的重要性，必须做到令行禁止，如果缺乏严格的规矩和法令约束，偌大的团队将成为一盘散沙，毫无战斗力和执行力可言。

令行禁止，最为重要的一点就是领导者要以身作则，不能出现"只许州官放火，不许百姓点灯"的情况，对自己宽容，对他人严格，很难带出一支纪律严明、能征善战的好队伍来。

当年曹操在征讨张绣的时候，正巧赶到了小麦快要成熟的季节，曹操在行军途中赶忙发出一道命令，规定"大小将校，凡过麦田，但有践踏者，并皆斩首"。

曹操向来治军严格，军令下发后，将士们都小心翼翼，大队的骑兵也纷纷从马背上跳下来，谨慎地扶着麦子从旁边经过，没有一个人敢去踩踏麦子。

曹操看到这种情况也非常满意，不巧的是，他骑着战马正前进时，突然田间跑出动物惊吓了他的战马，战马受惊闯入了麦田，踩坏了一些麦子。

如果换作一般人笑笑也就过去了，本来就是无心之失，而且还是规矩的制定者，但曹操没有这样认为，他让执行军纪的人员惩罚自己，以维护军令的权威性。

有人劝说曹操不要太过认真，身为丞相怎么能和一般人相提并论呢？这道军令并不适合曹操。曹操听了连连摇头，说军令无戏言，他不带头遵守的话，又怎么能约束手下的将士？最后他挥剑割下一缕头发以示对自己的惩戒，这就是历史上著名的"割发代首"的故事。

古人认为"身体发肤，受之父母，不敢毁伤，孝之始也"，割头发这种事情在今天看来也许算不得什么，但是在古代，割头发名叫"髡刑"，是一种耻辱刑，曹操能够认真执行髡刑，做到以身作则，令行禁止，起到了很好的榜样示范作用。

令行禁止，犯错误了就要给予严厉的惩罚。曹操在具体执行法令的时候严肃认真，一丝不苟，对自己也不例外。反过来当手下立下了较大的功劳时，曹操的赏赐也是毫不含糊。

比如张辽，自从跟随了曹操之后，屡立战功，曹操对他厚加赏赐，职位也是一提再提，从开始职位不高的中郎将一路升迁为征东将军、前将军，位列"五子良将"。

　　张辽只是其中一个例子，一大批追随曹操左右的文臣武将们，只要有战功、有能力、有作为，就不用担心得不到奖赏，这也是曹操身边能聚集一大批能人异士、团队活力满满的重要原因之一。

　　当然，有赏就有罚，绝不能感情用事，对犯错误的手下选择视而不见。

　　曹操的手下杨修很有才华，他跟随曹操多年，鞍前马后，多次为曹操分忧解难，被任命为丞相主簿，是曹操身边较为亲近的人。在大军征伐汉中的时候，杨修自恃聪明，随意解读曹操随口说出的夜间军营巡逻口令"鸡肋"一词的用意，扰乱军心，曹操得知后勃然大怒，将杨修斩首以儆效尤。

　　赏罚分明，以身作则，犯错了要承担相应的责任，立功了理应受到隆重的奖赏，在恩威并施中树立起自己强大的权威和领导力。曹魏集团之所以能够做到令行禁止，拥有强大的战斗力、执行力，显然与曹操严格公正的奖惩政策有着紧密的联系。

> **杨修**
> 　　（175—219 年），亦作"杨脩"，字德祖，东汉末年文学家，司隶部弘农郡华阴县（今陕西华阴）人，太尉杨彪之子，"外七子"之一。

严以律己，以身作则才能令行禁止

一支部队有没有强大的战斗力，和严格的军纪有着密切的关系。曹操在这方面做得非常到位，他颁布的军纪，自己是带头执行者、遵守者，严以律己，以身作则，这样才能在下属面前树立威信，做到令行禁止。

团队管理工作也是如此，管理者首先要立规矩，让大家明白纪律底线是什么，轻易不要触犯公司的管理制度。其次要注重发挥示范引领的效应，在制度面前，管理者要带头遵守，将自己放在和员工一视同仁的位置上，不能置身事外搞特殊。再次，要有效监督，让各项制度、措施能得到有效的执行。最后，要有严格完善的责任追究制度，管理者绝不能轻易"和稀泥"，员工错了就要承担相应的责任，通过"惩罚"维护公司管理制度的权威性。

有奖有罚，凝聚人心

曹操是一个善于运用"奖惩法则"的人，立了功就要奖励，比如张辽等将领，必须厚加赏赐，让奖励落到实处。同样，一旦有人犯了错，也要接受一定的惩罚，绝不拖泥带水，含含糊糊，杨修就是一个反面典型。奖惩到位的曹操，让曹魏集团爆发出了非同一般的向心力、凝聚力。

从事管理工作，奖惩要全面结合，不能有奖无罚，或者是有罚无奖，那样将导致人心涣散。

正确的做法是，首先要制定清晰明确的奖惩标准，让大家看得到。其次，奖励要及时兑现，别舍不得利益，能奖则奖，物质和精神奖励并重。最后，惩罚要迅速，和犯了错误的当事人说明被惩罚的原因，事实无误当事人就应承担相应的责任，让人心服口服。

河南许昌曹魏古城

神龟虽寿，犹有竟时；腾蛇乘雾，终为土灰。

老骥伏枥，志在千里；烈士暮年，壮心不已。

盈缩之期，不但在天；养怡之福，可得永年。

幸甚至哉，歌以咏志。（曹操龟虽寿）

第八章

乱世枭雄：
性情率真，
乐观豁达

曹操坦荡坚韧、胸襟豁达，
尽显赤子率真性情和人格魅力，
于历史沉浮中铸就枭雄本色。

作为一代枭雄，曹操的身上有很多值得世人效仿的地方，他在为人处世方面所展现出来的真诚率真、坦荡自然的行事作风，以及他视"胜败乃兵家常事"的乐观豁达精神，都对后人具有积极影响。这才是真实可爱、自信从容、百折不挠、坚韧不拔的曹操，他的影响力和人格魅力从不因时间的久远而消散，反而历久弥新。

真性情才是必杀技

汉末三国的历史风云已经过去一千多年了，回望这段历史，称得上是英雄豪杰辈出的时代，曹操、刘备、孙权、赵云、关羽、张飞、周瑜、黄忠等，无一不是豪杰刚勇之士。

后世人对这些历史人物的评价，大多已经盖棺定论，关羽的忠义，张飞的勇猛，周瑜的洒脱……只是在曹操和刘备的评价上面，有相对比较大的分歧。先说刘备，有人称赞刘备仁义忠厚，关爱百姓，有贤者之风，在乱世之中是一股清流；也有人认为刘备假仁假义，貌似忠厚老实，实则精明算计，无论是当年和曹操共事，还是孙刘联合，乃至后来占领益州，总是盘算着如何将己方利益最大化，尤其是刘璋主动邀请刘备入川，却落了个"引狼入室"的下场，当刘备到来后不久，益州这片土地便易主了。

同理，曹操在后世也是褒贬不一。有人说他是一代奸雄，名为汉相，实为汉贼，将汉献帝如提线木偶一般玩弄于股掌之中，但也有很多人称赞他是中国历史上著名的政治家、军事家、文学家，他在东汉末年的乱世之中杀出一片天地，一统北方，扶大厦之将倾，同时对待汉献帝也并不是传说中的那样不堪，至少在他生前从未有过明显篡位的举动，一直维护汉献帝的正统地位，这一点确实难能可贵。

抛开人物形象的历史评价，从性格特征上看，曹操无疑具有极大的人格魅力。他领导下的曹魏集团，人才济济，俊杰之士如过江之鲫，层出不穷，这些人当中，既有草莽之辈，也有盖世豪杰，还有名动四方的大才之人，他们共同辅助曹操取得了一番轰轰烈烈的大事业，也让自身的才能和潜力得到了充分的发挥。

曹操为什么具有这么大的人格魅力呢？梳理曹操的人生历程不难发现，曹操身上所流露出来的真实性情，自然坦荡的为人处世之风，是他能够招揽四方豪杰的"必杀技"。

真性情不是伪装出来的，也不是后天学习得来的，而是与生俱来的一种毫不虚伪造作的内在情感折射。少年时期的曹操，身上就展现出豪爽直率的性格特征。《三国志》上说曹操"少机警，有权数，而任侠游荡，不治行业"，从这短短的一句话中，就可以感受到曹操大大咧咧、自由洒脱的任侠之风。

长大后的曹操，真性情经过岁月的沉淀，不仅没有消失，反而更加坦荡率真。"太祖为人佻易无威重，好音乐，倡优在侧，常以日达夕。被服轻绡，身自佩小鞶囊，以盛手巾细物，时或冠帢帽以见宾客。每与人谈论，戏弄言诵，尽无所隐，及欢悦大笑，至以头没杯案中，肴膳皆沾污巾帻，其轻易如此。"

这一段出自《三国志》裴松之注引《曹瞒传》，大致意思是说，曹操在待物接人时不拘小节，有时候就随随便便穿着日常的便服，戴着小帽子和客人相见，说到高兴处哈哈大笑，毫不掩饰，笑到前仰后合时，甚至会将头埋入桌案，以至于头上的巾帻被汤汤水水给沾湿了也毫不在乎。显然，这是曹操日常行为的一个侧面，以"微镜头"的视角记录了曹操生活中一个常见的场景，从而将曹操不虚伪、真性情的一面较好地展现了出来。

曹操其实就是这样一个人，与人交往时很少矫揉造作，内心想什么，就毫不忌讳地宣泄出来，从不在意身边的人的目光或看法。情到伤心处，就酣畅淋漓、痛痛快快地哭一场，将内心的委屈、不满、屈辱、不公全部发泄出来；心情愉悦舒畅时，就展颜欢笑，抒发内心的自信、得意、喜悦和快乐；即使在遭遇困境时，也能够找机会自嘲一番，以轻松幽默的姿态化解眼前的尴尬，让坎坷带来的不愉快成为过去，以从容镇定的姿态面向未来。

曹操和袁绍既是少年玩伴、官场同僚，又是互不相让的老对手，起初两人关系亲密，同朝为官，从讨伐董卓之后，两人因理念不合而分道扬镳，在不同的人生道路上分别书写各自的辉煌。随着时间的流逝，已经成长起来的曹操成了袁绍的眼中钉、肉中刺，对于同处于北方的两人来说，两雄并立必然要一争高下，决出胜负，由此引发了汉末历史上著名的"官渡之战"。

这场大战的结果众所周知，惨败的袁绍狼狈地逃回自己的大本营，曹操深知放虎归山的道理，随即他领兵继续征讨以袁绍为首的袁氏集团，等到战争获得胜利了之后，当人们认为曹操取得了这场艰难的胜利后会高兴激动，还会下令狠狠惩处袁绍的家人时，哪知曹操不仅厚待袁绍的遗孀，还第一时间来到袁绍的墓前，焚香祭拜，痛哭流涕，为袁绍的死而伤心得不能自已。

不明白曹操为何在袁绍墓前痛哭的人，是因为他们没能真正走入曹操的内心世界。政治上，他和袁绍是你死我活的死敌；但如果抛开皇图霸业，曹操又何尝不愿回到少年时期那种无忧无虑的岁月中，和玩伴袁绍一起扬鞭策马，共看夕阳晚霞呢？奈何时光匆匆，难以倒流，童年的真挚友谊化为了成人世界里的尔虞我诈、争斗厮杀，被命运大手推动着一路前行的曹操，在袁绍墓前自然有一种身不由己的痛惜和感伤。

陈宫也是如此，陈宫有大才，为人足智多谋，早年间曾追随过曹操，后来和陈留太守张邈一起背叛曹操，站在吕布一边和曹操作对。当曹操击败吕布捉拿到陈宫时，曹操不计前嫌，多次真心实意地劝说陈宫重新回到自己的麾下，只是性情刚烈的陈宫不为所动，一心求死，在行刑前，曹操也是泪流满面，他爱惜陈宫的才华，珍惜两人多年前的友谊，奈何在三军将士、敌我阵营对立面前，他只能狠下心来痛下杀手。

爱将典韦战死疆场，曹操伤心痛哭，为一员虎将的离世而自责；郭嘉病逝，曹操仰天长嚎，惋惜失去了一位心腹知己。当哭则哭，是曹操真实性情的流露。在困境中自我解嘲，也是他身上洒脱性情的映现，当年他率军征讨关中地区，渡河时被马超领兵追赶，险些中箭，当他在手下拼死护卫下脱险，他却自嘲地笑出了声，说真是一时疏忽大意，差一点阴沟里翻船，被马超这个小子给当场射杀，生死面前的云淡风轻，恰恰正是他自信从容、积极乐观心态的自然释放。

阅读曹操的诗词，也常常能够从字里行间感受到这位一代枭雄的真诚。"白骨露于野，千里无鸡鸣"，军阀混战下饿殍遍地、白骨累累的惨象，深深刺激了曹操的内心，所以在他一统北方后大力发展农业生产，力争让乱世中的百姓有能够存活下去的希望；"对酒当歌，人生几何！譬如朝露，去日苦多。"抒发的是曹操对人生的真实感悟，饱含着一股雄迈苍劲的深沉力量。

即使是走到了生命的尽头，曹操也并没有像其他人那样眷恋人世，也没有对他一手开创的惊天伟业有过任何的交代，他只是一再地嘱咐身边的妻妾，告诉她们他死后丧事一切从简，能省则省，至于那些侍奉他多年的婢妾，曹操嘱咐她们多学一学编织草鞋的技艺，获取谋生的本领。

如果换作平常人，这样的遗嘱似乎显得有些儿女情长，但放在一代杰出政治家的身上，曹操的所言所语，在抚慰关切之中体现了浓浓的人情味。世人从中体悟到了他的可爱、坦荡、率真和真诚，他将自己身上难能可贵的真性情一直留存到了人生的最后时刻，他用一生诠释了什么才是真实自然的人生。

做人一定要坦坦荡荡、真诚无虚

在小说中，曹操的形象有些黑化，被描述成汉家之贼相，将汉献帝操控于股掌之中，且为人狡诈多疑。事实上，历史上真实的曹操，坦荡率真，甚至还有一点小可爱，是一个有哭有笑的真性情的人，对待身边的朋友、下属坦率直爽，如陈宫被杀时，曹操百般不舍，甚至惋惜地流下了眼泪，他的真诚赢得了时人的尊敬，充满了无穷的人格魅力。

生活中，我们做人就应像曹操那样，坦坦荡荡，真实无虚。首先，不刻意去追求所谓的完美，不用戴着面具伪装自己，高兴了就开怀大笑，失意了可以伤心流泪，自然大方，才是最为真实的自我。其次，做人做事坦坦荡荡，尽力而为，做到问心无愧就好。最后，过自己想要的生活，活出自我的精彩，与人相处时，不斤斤计较，不偷懒耍滑，也不费尽心机算计别人，做到心胸广阔，磊落光明，堂堂正正行走在天地之间。

真诚待人，以诚感人

纵观曹操的一生，真诚待人，是他身上最为鲜明的标签，无论是对待自己的朋友，还是对待昔日的敌人，曹操从不掩饰自己的喜怒好恶，与人相处厚道实在，别人的好与坏他都记在心里，有恩必报答，有仇必反击，他的真诚，赢得了对手的尊重，也令他更具人格魅力。

人际交往中，真诚待人能够构建良好的人际关系，没有人喜欢和虚伪做作的人打交道，唯有真诚才能真正走进对方的心里，成为肝胆相照的朋友知己。而想要做到以诚相待，需要从这样三点出发：一是做真实的自己，不伪装，不刻意迎合他人，不必在他人面前卑躬屈膝；二是当朋友需要帮助时，及时给出真诚的建议，在力所能及的情况下也不妨伸出援助之手；三是言行一致，信守承诺，诚实守信，珍惜自身的信誉，以"一诺千金"的方式来赢得他人的尊敬。

胜败乃兵家常事

历史上的曹操，是三国鼎立下魏国的主要开创者和缔造者，是曹魏集团的领导者和奠基人。纵观曹操辉煌的一生，他身上有着诸多难能可贵的优良品质，他熟读兵书，精通典籍，是建安时期重要的诗人和文学家；他求贤若渴，礼贤下士，以诚实谦逊的态度为曹魏集团引入了无数青年才俊；他知人善任，任人唯贤，人尽其用，一切有才能的人士都可以在他的手下找到可供自身充分施展才能的舞台……

这些品行，正是曹操作为一代英雄人物具备的优良品质与素养，也是他能够笑到最后，获得巨大成功的关键因素。如果说多才、求贤、用人是曹操取得成功的重要基石，那么胸襟开阔、坚韧不拔的气度修养，视胜败为兵家常事的洒脱自信，是曹操雄霸北方的秘诀。

在曹操起起伏伏的一生中，他见惯了无数风风雨雨，经历了许多惊涛骇浪，但在曹操的人生字典里，失败不过是一场场磨炼而已，可怕的不是失败，而是不能接受或容忍失败的心态。

曹操经历的人生第一次失败，是在他起兵之初。当年董卓进京后，废立天子，把控朝政，滥杀无辜，惹得天怒人怨，天下诸侯纷纷起兵反抗董卓的暴政，曹操在陈留郡招兵买马，在家族力量的帮助下，募兵数千人，有了自己的班底，曹操的胆色也壮了起来，发动了对董卓的讨伐行动。但由于孤掌难鸣，加上战争经验不足，曹操这一次主动发起的军事行动以惨败告终，自己也差一点死于乱军之中，幸亏族弟曹洪拼死相救，才虎口逃生。

这一次失败，几乎让曹操辛辛苦苦积累的家底损失一空。但曹操很快从失败的阴影中走了出来，再接再厉重新募集新兵。从哪里跌倒就从哪里站起来，毫不气馁的曹操凭借几千人马，在黄河以南地区辗转周旋，初步建立起了属于自己的一块地盘，为接下来的"挟天子以令诸侯"的政治理念实践奠定了坚实的基础。

曹操一生中遭受的最重大的失败，恐怕非赤壁之战莫属。在发动赤壁之战前，曹操已经完成了对北方地区的统一大业，他想借着这股"东风"实现他一统天下的终极梦想。只是曹操在攻占荆州的时候太过顺利了些，轻敌冒进的他低估了孙刘联盟抵抗的决心，在战略和战术上都出现了重大失误，最终在周瑜的火攻计策之下，战船被烧，士兵死伤无数，连带新近占领的荆州也被孙权、刘备瓜分，他多年来苦心积累的基业差一点毁于一旦。

如果换作其他人遭受如此重大的损失，或许早就一蹶不振了，袁绍就是一个鲜活的例子。袁绍在官渡之战惨败后，情绪低落到了极点，事实上当时袁绍尚残存兵力和地盘，并非没有东山再起的机会，完全有一战之力，然而已经"心死"的他，再也无法燃起冲天的斗志，不久后就郁郁而终。

反观曹操，尽管损失惨重，一败涂地，还让原本有希望实现的统一大业在赤壁之战后变成了"三分天下"的态势，然而曹操却能以镇定坦然的态度面对这次失败，他唯一一次情绪的流露就是在对郭嘉的缅怀上，说如果有郭嘉在，他不会败得这么彻底，由此痛痛快快地大哭了一场，之后，曹操很快从悔恨的情绪中解脱出来，依然以百倍的信心面对未来。接下来他重整旗鼓，伐关中战胜马超和韩遂，平汉中招降张鲁，智解襄樊之围，人们看的是依然是老当益壮的曹操，是壮志不移的孟德，他在有生之年，以最大的努力做了自己能够做的，以及可以做到的一切，为曹魏政权的诞生铺就了一条通天坦途。

纵观曹操的一生，他身上所体现出来的那股坚韧不拔、百折不挠、积极进取的乐观精神令人感动。无论经历多少次的失败，不管面对多大的挫折，他始终能够以统一天下的目标为己任，永远保持对成功的决心和信念，将人生和战场上的一时胜负看作寻常事，很好地做到了"不困于惑"，不让外物的得失干扰心志的至臻境界。

进一步说，曹操对待"胜败乃兵家常事"这一问题时，不只是表现出一副"满不在乎"的姿态，更为重要的是，他能够从失败中汲取宝贵的经验教训。每一次失败，他都会在事后进行详细的总结分析，从中梳理导致失败的原因，了解己方的缺陷和不足，从而避免在下一次的军事行动中再犯类似的错误。

屡败屡战，无所畏惧，正因为善于从失败中总结经验教训，曹操才能够一步步于战火的淬炼中走向成熟，从一个毫无军事经验的小青年，逐步成长为汉末三国历史舞台上首屈一指的军事家。

除此之外，曹操还能够于失败中不断地去锤炼自身博大的胸襟气度。古往今来，多少历史人物常常将胜败乃兵家常事这句话挂在嘴边，然而很多时候当自身真的遭受重大挫折时，却很难从失败的阴影中解脱出来，为此自怨自艾，自暴自弃，最终连原本残存的希望也全部丧失殆尽，在无尽的沉沦中放任自己活成一个孤独失意者。

曹操却是真正能够以平常心对待胜与败的智慧之人，他将每一次失败都看作磨炼，进而提升自身的能力素养，锤炼心胸，修养气度。汉末三国时期比曹操起家早的诸侯大有人在，比曹操地盘大、实力强的诸侯也大有人在，但曹操却能够从乱世之中强势崛起，将这些人一一甩在了身后，从屡次失败中修养出来的博大胸襟，无疑对他的成长起到了极大的催化作用。

> **陶谦**
>
> （132—194 年），字恭祖，丹阳人（今安徽宣城），东汉末年大臣，获拜安东将军、徐州牧，封溧阳侯，汉末群雄之一。《吴书》上说："谦性刚直，有大节。"

胜而不骄，败而不怨

曹操的一生，取得过很多辉煌的胜利，杀吕布，败袁绍，取荆州；也经历过无数的失败，荥阳之战、赤壁之战等，曹操都遭受了严重的挫折。难能可贵的是，无论是胜利还是失败，曹操都能够保持一颗清醒的头脑，很好地做到了"胜不骄，败不馁"，这种宽广的心胸助推他迈向更大的历史舞台。

人生贵在有自知之明，难得清醒自知，在干事创业、攀登人生高峰的道路上，绝不能自高自大，也不能妄自菲薄。首先要拥有一颗平常心，得失看淡，不要因小小的胜利而沾沾自喜，也不要因一时的失败而心灰意冷，无论成败，都已过去，应当从容冷静，收拾心情快快乐乐地重新出发。其次是不畏惧失败，以淡然的心态接受失败，将其看作一次更好的成长进步机会，从中汲取宝贵的经验教训，进而反向地去促进自我进步。最后是相信失败只是暂时的，用心做事，注重点滴积累，一定能在云开雾散后看到希望的曙光。

百折不挠，锲而不舍

曹操从起兵之初，就遭受了重大的失败，可以说，他一生中失败的次数并不比获胜的次数少，但曹操的身上始终有一股百折不挠、锲而不舍的精气神，越是失败，越能激发他的斗志，愈挫愈勇的他，最终成就了一番伟大的事业。

做任何事，我们都应当有一种锲而不舍的精神气概，想要百尺竿头更进一步，就必须拿出一往无前的勇气和决心。

首先，要克服自身的拖延症，定下的目标必须努力追逐，没有行动就永远不会有成功。其次，要明白"量变引起质变"这句话所蕴含的哲学道理，相信久久为功，只要持续努力，终有目标实现的那一天。最后，要勇于尝试，失败了没关系，推翻了重来，永不轻言放弃才能让梦想照进现实。

道不尽的建安风骨

　　建安，是汉献帝刘协在位时期的第五个年号，乱世思安，建功立业，年号大约取此意，时间跨度从公元196年起到公元220年止，曹丕建立魏国后，汉献帝被废，东汉末年延续二十多年的建安时代也就此宣告结束。

　　中国封建帝王使用年号的历史，是从汉武帝时期开始的。两汉以来，历任大汉皇帝或因登基改元，或因祈求吉祥改元，中间不知道采用了多少年号，然而白驹过隙，其中大多数帝王所采用过的年号，都没能给世人留下深刻的印象，而在东汉王朝行将就木之时，被视为傀儡皇帝的汉献帝所使用的"建安"这一年号，却让人眼前一亮。"建安"一词，不仅在华夏的历史时空中成了一个富有代表性的符号，同时在无数文人笔下，也被涂抹上了不一样的色彩，赋予了它特殊的韵味与意义，虽经历千百年的风雨，时至今日建安两字，依然充满了无穷的魅力。

建安，实则并不安定祥和，承平了一百余年的东汉王朝，突然间陷入了一个巨大的权力真空期，那些觊觎帝位的各路枭雄们，或主动，或被动，无不加入这场逐鹿天下的时代大战局中去，你争我斗，互不相让。

可以说，从该年号的起始到终结，二十多年的岁月中，东汉王朝一直处于风雨飘摇之中，农民起义，诸侯争雄，三分天下，各类英雄人物纷纷在这个时代演绎了自身的精彩传奇，战乱的动荡和个人建功立业的理想相互交织，碰撞出铿锵的音符，或许这就是这个时代最值得探寻的地方，引发世人的无限遐思。

谈建安，不得不提及建安风骨，以及建立在建安风骨坚实大厦基础之上的建安文学。

那么什么是建安风骨呢？按照史学家、文学家的观点，所谓的建安风骨，指的是在汉魏时期社会上流行的一种以现实性、文学性、思辨性为主要特征的文学风格。

建安风骨这一文学特征的出现，和当时的社会现实有着紧密的联系。整个建安时期，时局动荡不安，军阀割据，诸侯并起，百姓处于朝不保夕的苦难深渊之中，在这种巨大的现实痛苦面前，以曹操父子为首的政治家、文学家们，从自身的所见、所闻、所感、所思出发，在对纷乱时代表示感伤的基础上将自我的社会体验融入文学叙事表达之中，以直抒胸臆的文学表现方式，慷慨雄健、刚强有力的写作风格，表达浓厚强烈的情感，展现文人对时政的关切，对百姓疾苦的同情，兼具渴望建功立业的理想与情怀，给人以积极进取的奋发力量。

建安文学以及建安风骨的主要代表人物，主要有曹操父子、建安七子（王粲、孔融、陈琳、徐干、阮瑀、应玚、刘桢）等，他们创作了大量反映时代精神风貌的文学作品，代表作品包括《蒿里行》《短歌行》《燕歌行》等。

曹操作为建安文学的代表人物，极具文学素养。他在处理政务之余，还能将目光投射到社会现实中，在他的倾心创作下，一篇篇磅礴大气、荡气回肠的诗歌从笔尖宣泄而出，如一方巨石投入平静的水面，激起了层层涟漪，强烈的情感共鸣也唤醒了那个时代诸多文人的创作激情，一大批文学才俊云起响应，如曹丕、曹植、孔融、王粲、刘桢、蔡琰等。他们被后世人们称为"建安文学群体"，通过他们持续不懈的努力，中国的古典文学提升到了一个前所未有的高度，全面摆脱了文学是经学附庸的从属地位，第一次以独立的姿态照亮了中国思想文化史的星空。

刘勰在《文心雕龙》一书中，曾这样高度概括"建安文学"所透露出来的建安之风："观其时文，雅好慷慨，良由世积乱离，风衰俗怨，并志深而笔长，故梗概而多气也。"能用"风骨"来指代一个历史阶段的文学现象，放眼整个中国古代文学史上，或许也只有建安文学能够独享这样的美誉。

建安文学，字里行间始终流露出作者浓厚的忧患意识，这种忧患意识的第一表征就是对人生的反思与感慨。对于世间的每一个个体来说，岁月匆匆，韶华易逝，生命是一个短暂的过程，而汉末三国时期，战乱频仍，灾荒连年，瘟疫横行，百姓的生命如同草芥，这一惨烈的人间景象，促使建安时期的文人们去深入思考，由此他们的文笔常常具有强烈的"忧时"意识。

所以，曹操有"对酒当歌，人生几何，譬如朝露，去日苦多"的慨叹；徐干在《室思》一诗中发出"人生一世间，忽若暮春草；时不可再得，何为自愁恼"的哀怨。他们看似是对人生无常的感慨，实则也是对个人功业迟迟不能成就的叹息。

建安风骨的第二个忧患意识的表征是忧愤。当时社会动荡不安，战乱连年，整个王朝处于摇摇欲坠的昏暗与离散之中，因此他们往往将社会现实和个人命运结合起来思考，文风中有一股深沉的忧愤味道。

强烈的忧生意识是建安风骨的第三个表征。东汉末年军阀混战，民不聊生，天灾瘟疫，所有这些人间悲惨的景象都记录在他们单薄的笔尖，如曹操的"生民百遗一，念之断人肠"；曹植的"中野何萧条，千里无人烟"；王粲的"四望无烟火，但见林与丘"等，这些文学作品中所展现出来的忧生意识，其实是当时那些政治家、文学家内心深处浓烈家国情怀的体现。

无论是忧时、忧愤还是忧生，对于曹操等人来说，他们所能做的就是不逃避现实，积极入世，在个体建功立业的基础上，将统一华夏、结束动乱分裂作为追求的目标，以此让自我的人生价值更具乐观向上的意义。

抚今追昔，属于建安的时代早已远去，建安文学及其所代表的"建安风骨"成了一个不朽的文学符号，镌刻在华夏民族的基因深处。

勇于担当，自我奋发

建安风骨，简单概括有三个核心点，分别是忧时、忧愤、忧生。感慨时光匆匆，愤恨乱世飘摇，担忧民生多艰，在这种风骨的引领下，曹操等人身上展现出勇于担当的责任意识，在今天依然具有积极的意义。

生命的本质，其实就是自我价值的实现过程，也就是将内心的远大理想抱负从蓝图变为现实。要想让人生更富有色彩和意义，就应当从勇于担当、自我奋发做起。首先，培养自身强烈的责任意识、担当意识，树立雄心壮志，积极地投身其中，为社会苍生谋利益。其次，要沉下心来努力奋发，刻苦学习，要知道空有一腔理想抱负还远远不够，只有具备一定的知识与能力，才能一步步将理想转化为现实。最后，培养奉献精神，将眼光放得更为长远一些，不被一时的利益蒙蔽了双眼，积极投身于时代的洪流中去，努力发出自己的光和热。

身处困境，仍心怀希望

建安风骨体现的是一种积极进取的精神风貌，在社会动荡的时代大背景下，曹操并未自甘沉沦，而是以一种勇往直前的气概，直面现实，以"克定天下"为己任，一方面征战四方，一统北方。另一方面关注民生疾苦，大力发展农业经济，极大地促进了社会的发展进步，书写了自我人生华丽的篇章。

在人的一生中，没有人会始终一帆风顺，前进的道路上，会遇到各种各样的困难。遭受各种各样的挑战，面临各式各样的困境，在这些困难和挑战面前，我们首先要做的是始终心怀理想，矢志不移，在持续不懈的坚持中去追逐梦想的那道光。其次，在困境面前，不气馁，不灰心，迎难而上，积极寻求破局之道。最后，要懂得培养创新思维，站在更高的维度看待问题，以寻找到突破困境的"窗口"，始终让自己做一个内心强大的人，活出精彩的自我。

安徽亳州曹操家族墓雕像

一代枭雄，千古无二

建安二十五年（220年）正月，因头疼病卧床不起的曹操在洛阳病逝，走完了他的一生。

临终前，曹操并没有谈论太多的国家大事，只是要求在他死后丧葬事宜一切从简，说天下尚未安定，自己的丧事不要铺张浪费，在外带兵的将士各守其位，在朝的官员各司其职，简简单单将自己埋葬了就可以。

崇尚节俭一直是曹操奉行的生活理念，他不追求华丽的衣服，不喜欢浮华的生活。裴松之为《三国志》作注时引用了《魏书》中描述曹操提倡节俭之风的话语："雅性节俭，不好华丽，后宫衣不锦绣，侍御履不二采……四方献御，与群下共之。"

生活中的曹操朴实无华，日常穿戴普普通通，就连屋内的帷帐都补满了补丁，从不追求绫罗绸缎的奢华穿着，有时候下面敬献上来各色礼物，曹操也会拿出来和大家一起分享。

对自己如此，对身边人也是如此，平日里曹操在府中用餐，不过是用一点荤腥而已，曹夫人卞氏款待亲友时，有时连最基本的大鱼大肉都没有，相当朴素节俭。

在对下属官吏的选拔上，曹操也始终将官员的节俭放在考察首位。有一次，一个名叫丁斐的官员，因为在使用官车的问题上犯了错误，追求奢靡的出行方式，曹操得知事情的真相后不徇私情，将丁斐免职罢官。

汉代以来，厚葬之风盛行，曹操对此表示强烈的反对。他在生前就为自己准备好了成殓的衣服，加起来不过春夏秋冬四季的送终衣罢了，他提前告诉自己的儿子们，一旦"有不讳，随后以敛"，他还特别交代自己死后墓中不要放什么金银珠宝。

他在《遗令》中写道："古之葬者，必居瘠薄之地。其规西门豹祠西原上为寿陵，因高为基，不封不树。"从陪葬品到墓穴选择，一切都力求简约为上。

曹操，在汉末三国的历史舞台上，是一个无论如何也绕不开的枭雄人物。

他是一位诗人、文学家，是"建安文学"的重要代表人物之一，堪称当时文坛的领军者。他的诗蕴含着深沉的力量，既是宏大政治理想的抒发，也是自我张扬个性的展露。裴松之为《三国志》作注时高度赞誉曹操，说他"御军三十余年，手不舍书，昼则讲武策，夜则思经传，登高必赋，及造新诗，被之管弦，皆成乐章。"歌以咏志，言为心声，说曹操是军事家、政治家，其实他的文学造诣也达到了一个极高的水准。

作为一位军事家，曹操不仅亲自调度指挥了无数战役，还在空闲之余编纂了《兵法接要》《〈孙子兵法〉集解》《兵书略要》等兵法理论著作。在这些兵书中，曹操将自己多年积累的军事经验和思想贯穿其中，并且旗帜鲜明地阐述了战争和民生的关系，认为如果执政者只知道穷兵黩武，却不懂得体恤百姓，那将注定要灭亡。这一思想即使在今天，依然振聋发聩、引人警醒。

作为一位政治家，曹操向世人交出了一份圆满的答卷。在大半生的为政生涯中，他胸襟开阔，豁达大度，唯才是举，任人唯贤，实施屯田政策，大力兴修水利设施，注重民生疾苦，致力于税赋删繁就简的工作。在他的统治和治理之下，北方地区的社会经济得到了很大程度的恢复与发展，社会风气趋于好转，政治秩序相对比较清明，得到了北方地区百姓的拥护。

曹操生前身后，时人和世人都对他有过大量的评论。在汉末三国时期，和他处于同一个时空维度的英雄将帅们，纷纷从自己的认知角度出发去评论他们眼中的这位"一代枭雄"。袁绍借陈琳之手，将曹操骂了个狗血喷头；刘备指责曹操"包藏祸心，篡盗已显"；周瑜则说曹操"虽托名汉相，其实为汉贼"。

面对众说纷纭，曹操却大度地一笑置之，偶尔轻描淡写地回击说："设使国家无有孤，不知当几人称帝，几人称王。"曹操就是如此的自信，他认为他的存在，恰恰很好地维护了汉室江山，否则天下更将成为一盘乱局。

抨击曹操的这些人，大多认为他"挟天子以令诸侯"，专权擅政。其实抛开这一因素，对于曹操身上所展现出来的政治才能和军事素养，和他惺惺相惜的人士也有很多。比如诸葛亮，就曾多次夸赞说曹操"智计殊绝于人"，孙权也认为曹操领兵打仗的本领世所罕见，是当之无愧的大军事家。

后世的史学家们，对这位传奇的历史人物也有很多的评论。《三国志》的作者陈寿在充分肯定曹操高超的政治智慧和军事才能后，用"非常之人，超世之杰"八个字来评价曹操，给予了超高的赞誉。

大文学家陆机在《吊魏武帝文》里面这样写道："大有功于九州，举世共推；德配天地，援日月而同辉。"对曹操生前的政治行为不吝溢美之词。

宋朝史学家司马光在《资治通鉴》中对曹操也极为推崇，他说"天末大乱，群生涂炭，自非高世之才不能济也"，他认为能够将战乱不断的北方地区统一并安定下来，一定是具备大才的人才能够做到的事情。

大文豪鲁迅先生也是曹操的拥趸，他在一次演讲中说："其实，曹操是一个很有本事的人，至少是一个英雄，我虽不是曹操一党，但无论如何，总是非常佩服他的。"

曹操就是这样的一个人，他传奇的一生令人着迷，他拥有丰富的人生经历，遭遇过无数惊涛骇浪，所以封建时代的帝王将相们争相评论他，或赞同，或肯定，或指责，或非议。千百年来，正如当年许劭评价曹操是"治世之能臣，乱世之枭雄"那样，曹操身上所折射出来的人格魅力，始终让世人争论和研究的热情不减。

无论如何，曹操一生的功绩和所成就的事业是值得肯定的，他的德行和政治、军事才能，也能令人生起崇敬之情，在汉末乱世之中，他白手起家，矢志不移，百折不挠，以坚韧不拔的毅力与意志，结束了北方地区混乱的时局，为曹魏乃至西晋的统一铺垫了坚实的基础，他的所作所为，无愧于那个时代。

乐进

（？—218 年），字文谦，阳平郡卫侯国（今河南清丰南）人，东汉末年名将，后世将其与张辽、于禁、张郃、徐晃并称曹魏"五子良将"。

静以修身，俭以养德

曹操身为汉室的丞相，称霸一方，他有条件享受奢侈的物质生活，也有资格过"人上人"的生活，但在节俭这方面，曹操的行为值得称赞。他始终以俭朴来要求自己，一餐一饭务求简单，清贫朴素，高度自律，从未在纸醉金迷面前迷失自我。也许他的身上有这样或那样的缺点，但提倡节俭的美德令人无可挑剔。

古语云："夫君子之行，静以修身，俭以养德。"人的欲望是无止境的，一旦深陷欲望的泥沼，就成了被欲望驱使的奴隶，那么在欲壑难填中将永无出头之日，明白了这一点，在培养自身的德行方面应做到以下两点。

首先，从节俭开始，懂得克制自我的物质欲望，不追求奢华的衣食住行，不让自己掉入欲望的陷阱。其次，保持内心的平静，不被外物干扰，不被利益驱使，将重心放在自我综合素养的提升上，不断地挑战自我，超越自我，实现人生的辉煌。

脚踏实地，向阳向上

作为一代枭雄人物，曹操的身上有很多值得赞美的闪光点，比如他有着同时代人少有的远见卓识，能深刻意识到东汉末年残破不堪的社会现实，明白王朝安定发展的积极意义，也能够以强大的人格魅力聚拢一大批有才之士共谋大业。他的身上还有着超强的决策力和执行力，能够在审时度势中寻找最佳的机会为己所用。凡此种种，成就了曹操人生不朽的传奇。

成长的秘诀就在于脚踏实地，一路迎着阳光奔跑，一步一个脚印持续攀登。所以，想要成就一番事业，首先，要让自己有积极乐观的心态，拒绝焦虑，抛弃患得患失的心态，将精力专注于当下，从容地迎接每一个崭新的日子，努力奋发。其次，干事创业时不要急于求成，不能沉迷于不切实际的好高骛远之中，要告诉自己可以慢慢来，脚踏实地勤恳做事，懂得"行稳才能致远"话语的真实内涵，以坚韧不拔的毅力持续地坚定前行，才是成功最好的原动力。

孟冬十月，北风徘徊，天气肃清，繁霜霏霏。

鹍鸡晨鸣，鸿雁南飞，鸷鸟潜藏，熊罴窟栖。

钱镈停置，农收积场，逆旅整设，以通贾商。

幸甚至哉！歌以咏志。（曹操步出夏门行·冬十月）

曹操大事年表

汉桓帝永寿元年（155年）：曹操出生在沛国谯县（今安徽亳州）的一个官宦家庭，父亲曹嵩为宦官曹腾养子。

汉灵帝熹平三年（174年）：曹操被举为孝廉，入洛阳为郎。不久，被任命为洛阳北部尉。

汉灵帝光和元年（178年）：曹操因堂妹夫宋奇被诛受到牵连被免官。

汉灵帝光和三年（180年）：曹操又被朝廷征召，被任命为议郎。

汉灵帝中平元年（184年）：黄巾起义爆发，曹操被拜为骑都尉，破颍川黄巾军。因功迁为济南相。整顿吏治，奏免八名依附权贵的县令，引发士族不满。

中平四年（187年）：朝廷任曹操为东郡太守，曹操称病不就，辞官归隐乡里。

中平五年（188 年）：曹操因其家世被汉灵帝任命为八校尉中的典
军校尉，欣然前去洛阳赴任。

中平六年（189 年）：董卓入京都洛阳，废少帝刘辩为弘农王，立
九岁的陈留王刘协为献帝（号永汉元年，四
月后废除，仍沿用灵帝年号"中平"）。后杀
弘农王母子，专擅朝政。曹操遂化名出逃，
至陈留后"散家财，合义兵"，十二月号召各
镇诸侯共起讨伐董卓。

汉献帝初平元年（190 年）：关东州郡牧守起兵讨伐董卓，推袁绍
为盟主，曹操为副盟主。董卓胁迫献
帝迁都长安。曹操与董卓军交锋，曹
操大败。

初平三年（192 年）：王允设连环计，吕布杀死董卓。李傕、郭汜
围长安，杀王允，败吕布。济北相鲍信等迎

曹操任兖州牧。曹操"设奇伏，昼夜会战"，击败青州黄巾军，收编其精锐，组成"青州兵"。

初平四年（193 年）：曹操进兵徐州，徐州牧陶谦大败，退守郯县。

兴平元年（194 年）：曹操再征徐州，略地至东海。曹操征徐州期间，大肆杀戮，一路上"鸡犬亦尽，墟邑无复行人"。陈留太守张邈和曹操部将陈宫不满，叛曹操，迎吕布为兖州牧。曹操与吕布在濮阳相持百余日，蝗灾大起，曹操军还鄄城。

兴平二年（195 年）：曹操整军再战吕布，于巨野（今山东巨野南）大破吕布军，吕布逃往徐州投靠刘备。

汉献帝建安元年（196 年）：曹操亲至洛阳挟持汉献帝至许昌，任司空，掌朝廷实权。推行屯田制，恢复经济。吕布占徐州，刘备投曹操。

建安二年（197 年）：袁术在寿春称帝。曹操征张绣，因轻敌败于
　　　　　　　　　　宛城，长子曹昂、大将典韦皆战死。

建安三年（198 年）：吕布攻打刘备，破小沛。曹操擒杀吕布、陈
　　　　　　　　　　宫，收降张辽、臧霸、孙观等人，将徐州纳
　　　　　　　　　　入了控制范围。

建安四年（199 年）：张绣投降曹操。曹操拜张绣为扬武将军。袁
　　　　　　　　　　绍举兵南下，曹操准备迎击袁绍。

建安五年（200 年）：董承与王子服等密谋除曹操，被曹操夷灭三
　　　　　　　　　　族。刘备占据徐州后，曹操击破刘备，刘备
　　　　　　　　　　逃奔袁绍。袁绍向曹操发动进攻，曹操和袁
　　　　　　　　　　绍宣战。曹操偷袭乌巢，赢下官渡之战，袁
　　　　　　　　　　绍大势已去，曹操奠定了统一北方的基础。

建安六年（201 年）：曹操败袁绍于仓亭，刘备投奔荆州的刘表。

建安七年（202 年）：袁绍病死，袁绍的两个儿子袁谭、袁尚不和，

产生纷争。袁谭不敌袁尚，向曹操乞降。

建安九年（204 年）：曹操乘袁尚攻打袁谭之际，进军袁尚老巢邺城，袁尚回救不成反被围营，袁尚乘夜逃跑，曹操攻破邺城。袁尚逃奔幽州刺史袁熙。不久，袁尚、袁熙又逃奔三郡乌桓。

建安十年（205 年）：曹操以负约为名，攻灭袁谭，冀州平定。曹操还兖州牧，改任冀州牧。

建安十二年（207 年）：曹操北征乌桓，斩蹋顿单于，彻底肃清袁氏势力；回师作《观沧海》《龟虽寿》。

建安十三年（208 年）：曹操废三公，恢复丞相制度，并自任汉朝丞相。南征荆州，刘琮投降；于当阳长坂击溃刘备，进占江陵。赤壁之战败于孙刘联军，三国鼎立初现。

建安十六年（211 年）：曹操讨伐汉中张鲁为名进军关中，击败马超、韩遂联军，平定关中。刘备进入益州。

建安十八年（213年）：曹操率军南征孙权。受封魏公，加九锡，
建魏国社稷，定都邺城。

建安二十年（215年）：曹操见刘备已取得益州，率十万大军亲征
汉中张鲁，夺取汉中。

建安二十一年（216年）：汉献帝册封曹操为魏王，位在诸侯王之
上，权倾朝野，但仍以汉臣自居。

建安二十三年（218年）：鲜卑助乌桓反叛，曹操派曹彰北上讨伐，
大破两家联军，鲜卑投降，北方平定。

建安二十四年（219年）：曹操和刘备争夺汉中，失败后放弃汉中。
关羽北伐破七军、擒于禁、斩庞德，威
震华夏。曹操遣徐晃解樊城之围。孙权
遣使入贡，向曹操称臣，并劝曹操取代
汉朝自称大魏皇帝。

建安二十五年（220 年）：曹操还军洛阳，病逝，终年六十六岁，
谥号"武王"；其子曹丕同年篡汉建魏，
追尊曹操为魏武帝，庙号太祖。

惟汉廿二世，所任诚不良。沐猴而冠带，知小而谋强。犹豫不敢断，因狩执君王。白虹为贯日，己亦先受殃。贼臣持国柄，杀主灭宇京。荡覆帝基业，宗庙以燔丧。播越西迁移，号泣而且行。瞻彼洛城郭，微子为哀伤。（曹操薤露行）

后记

"滚滚长江东逝水，浪花淘尽英雄。是非成败转头空。青山依旧在，几度夕阳红。"

明代大才子杨慎的这首《临江仙·滚滚长江东逝水》咏史词，感慨历史兴衰和人生沉浮，历来引发无数人共鸣。而在古典名著《三国演义》中，作者罗贯中将这首词放在了小说的开头，情境十分契合，读来眼前仿佛瞬间展开一幅三国时期波澜壮阔、风起云涌的精彩画卷。

"三分天下"的魏、蜀、吴政权以及那个时代众多叱咤历史时空的英雄豪杰，被无数后人所津津乐道，纵然千载悠悠，云帆过尽，世人依旧能感受到那些历史人物的鲜活与生动。

汉末三国，是一个激荡人心的时代，为众多志士豪杰提供了"竞显风流"的广阔舞台，也为独霸一方的枭雄人物创造了建不世功业的热土。

说三国，谈三国，论三国，曹操无疑是一个无论如何也绕不过去的历史人物。他筚路蓝缕，一手创建了实力强大的曹魏集团，一统北方，定鼎中原，是三国风云的重要推动者与参与者。

在世人眼中，曹操具有两个反差较大、对比鲜明的人物形象。贬低者认为他"名为汉相，实为汉贼"，他"挟天子以令诸侯"，借助汉室之余威，实现他雄霸天下的个人野心，最终成了汉王朝的埋葬者。

而赞誉者则认为曹操有治世之能，在四分五裂、群雄割据的汉末时代，能尽自己之力统一北方，为政期间吏治清明，治下社会安定，并能在乱世中积极推动农业生产的恢复与发展，兴修水利，倡导实施屯田政策，让饱受战乱之苦的民众获得喘息之机，为天下最后的"大一统"铺垫了良好的基础。

纵观曹操的一生，他能力出众，有着高超的管理智慧。曹魏集团人员混杂，新旧势力掺杂在一起，管理难度非常大，确实非常考验曹操的智慧和手段。观察曹魏集团逐步崛起的过程不难发现，曹操始终以高超的手腕巧妙地将来自各方的能人志士笼络在自己身边，文有荀彧、荀攸、华歆、毛玠、贾诩、程昱等，武有徐晃、许褚、夏侯惇、夏侯渊、曹仁、曹洪、张辽等猛将，谋士出智，武将出力，众人团结一心，共同推动曹魏大业的稳步前进，成就了一番轰轰烈烈的大业。

曹操富有人情味，不伪装，不造作，他在世时，始终以坦荡率真、自然真实的面目示人，他对待朋友有情有义，做人做事恩怨分明，即使是多年的宿敌对手，也对曹操敬畏有加。

曹操为人性情坚韧，具有百折不挠的毅力，他历经沉浮，多次遭受重大挫折与打击，但他始终奋勇直前，用一往无前的勇气书写一位创业者的自我传奇。

事实上，创作本书，无意争论曹操的是与非，只为还原一个真实的曹操，从更深层的人性意义上，让一个有血有肉、有彷徨苦闷、有迷茫无助、有儿女情长、难过时痛哭流涕、得意时放声高歌的真性情的曹操呈现在读者面前。同时，希望读者同作者一样，汲取曹操的智慧和人生哲学，助力自己成长和发展。

关东有义士，兴兵讨群凶。初期会盟津，乃心在咸阳。
军合力不齐，踌躇而雁行。势利使人争，嗣还自相戕。
淮南弟称号，刻玺于北方。铠甲生虮虱，万姓以死亡。
白骨露于野，千里无鸡鸣。生民百遗一，念之断人肠。（曹操蒿里行）

参考文献

[1]安振民．正品三国 [M].北京：北京出版社，2007.

[2]陈才俊．三国志精粹 [M].北京：海潮出版社，2015.

[3]陈寿．三国志 [M].北京：中国工人出版社，2016.

[4]陈文德．曹操争霸经营史 [M].北京：现代出版社，1993.

[5]储兆文．中国古典文学 [M].西安：西北工业大学出版社，2008.

[6]丁万明．舌尖上的中国史 [M].北京：新华出版社，2023.

[7]冯国超．曹操传 [M].北京：中国戏剧出版社，2001.

[8]奉练文．新史记：东汉帝国衰落史 [M].武汉：华中科技大学出版社，2018.

[9]郭茂倩．乐府诗集 [M].北京：中华书局，1979.

[10]何国松．曹操传：一代枭雄魏武帝 [M].长春：吉林大学出版社，2010.

[11]李宝均．曹氏父子和建安文学 [M].上海：上海古籍出版社，1978.

[12]李颜垒．三国群英新传 [M]．北京：中国广播电视出版社，2009.

[13]刘华明，郑长兴．曹操全传 [M]．北京：印刷工业出版社，2001.

[14]刘娟．少年读《资治通鉴》.8，三国 [M]．北京：人民文学出版社，2021.

[15]柳春藩．三国小全史 [M]．北京：中国国际广播出版社，2014.

[16]柳春藩．曹操大传 [M]．长春：吉林人民出版社，2002.

[17]罗斌．一口气读完汉朝的那些战争 [M]．北京：京华出版社，2010.

[18]罗贯中．三国演义：上下（第 4 版）[M]．北京：人民文学出版社，2019.

[19]念灵波．一代枭雄：魏武帝曹操 [M]．北京：西苑出版社，2010.

[20]施丁．《资治通鉴》选评 [M]．上海：上海古籍出版社，2003.

[21]思履．资治通鉴精编 [M]．北京：中国华侨出版社，2018.

[22]孙峰，孙艺真．三国风云．第一卷 [M]．北京：中国文史出版社，2017.

[23]覃仕勇．熬通宵也要读完的三国史 [M]．长春：吉林文史出版社，2020.

[24]童昌森．读三国 话管理 [M]．北京：中国海洋大学出版社，

2006.

[25]吴迪 . 中国古代文学史 [M]. 北京：中国电影出版社，1994.

[26]夏于全 . 四库全书精华：史部 [M]. 呼和浩特：内蒙古人民出版社，2002.

[27]袁枢 . 通鉴纪事本末 [M]. 北京：中华书局，2023.

[28]张建业 . 中国诗歌史 [M]. 北京：文津出版社，1995.

[29]张志伟，刘向伟 . 古代中国著名战役 [M]. 合肥：安徽少年儿童出版社，2016.

[30]张作耀 . 曹操评传（修订本）[M]. 上海：上海书店，2018.

[31]章义和，唐燮军 . 细说曹操 [M]. 上海：上海人民出版社，2005.

[32]章义和 . 说不尽的曹操 [M]. 合肥：安徽人民出版社，2007.

[33]周淑舫 . 魏武帝曹操传 [M]. 长春：吉林人民出版社，2010.